Украдене щастя
Stolen Happiness
Іван Франко
Ivan Franko

Stolen Happiness
Copyright © JiaHu Books 2014
First Published in Great Britain in 2014 by Jiahu Books – part of Richardson-Prachai Solutions Ltd, 34 Egerton Gate, Milton Keynes, MK5 7HH
ISBN: 978-1-78435-106-9
Conditions of sale
All rights reserved. You must not circulate this book in any other binding or cover and you must impose the same condition on any acquirer.
A CIP catalogue record for this book is available from the British Library
Visit us at: jiahubooks.co.uk

ДІЙОВІ ОСОБИ	5
ДІЯ ПЕРША	7
ДІЯ ДРУГА	32
ДІЯ ТРЕТЯ	46
ДІЯ ЧЕТВЕРТА	62
ДІЯ П'ЯТА	73

ДРАМА З СІЛЬСЬКОГО ЖИТТЯ В 5 ДІЯХ

ДІЙОВІ ОСОБИ

Микола Задорожний, чоловік, літ 45, невеликого росту, похилий, рухи повільні.

Анна, його жінка, молодиця, літ 25.

Михайло Гурман, Жандарм, високий, здоровий мужчина, літ 30.

Олекса Бабич, селянин, літ 40, сусіда Миколи.

Настя, його жінка, літ 35.

Війт, селянин, літ 50.

Шльома, орендар.

Селяни, селянки, парубки і дівчата, музи к и і т. і.

Діється коло 1870 року в підгірськім селі Незваничах.

ДІЯ ПЕРША

Нутро сільської хати. Ніч. Надворі чути шум вітру, сніг б'є об вікна. В печі горить огонь, при нім горшки. Анна і Настя пораються коло печі. На лаві, на ослоні, на припічку і на печі дівчата і парубки, одні прядуть, другі мотають пряжу на мотовилах; насеред хати при стільці один парубок плете рукавиці, Другий на коливороті крутить шнур.

ЯВА ПЕРША

Парубки, дівчата, Анна і Настя.

Парубки і дівчата (співають):

Ой там за горою та за кремінною

Не по правді жиє чоловік з жоною.

Вона йому стелить білу постеленьку,

А він їй готує дротяну нагайку.

Біла постеленька порохом припала,

Дротяна нагайка біле тіло рвала.

Біла постеленька порохом присіла,

Дротяна нагайка кров'ю обкипіла.

Настя (перериває, махаючи стиркою). Та тьфу на вас! Що

се ви вигадали такої плаксивої! Мов по покійнику голосять.

1 парубок (регочеться). Ага, а у вас мурашки по шкірі забігали.

Настя. Тю на тебе та на твою голову! Ти гадаєш, що я твого тата жінка, що небіжка ніколи з синців не виходила.

1 парубок. Го-го, мій тато небіжчик усе говорив:

"Як чоловік жінки не б'є, то в ній утроба гниє".

2 парубок. О, твій тато добрий цирулик був. Він і хлопам умів кров пускати.

1 парубок. І задармо! То також щось варто! Настя. Та повинні-сте стидатися хоть тут, у тій хаті таке говорити та співати. Пек, осина! То так якби, не при хаті кажучи, злого духа при малій дитині згадав. Тут ангели божі літають, одна хата в цілім селі, де святий супокій, та згода, та лад, та любов - а ви якесь таке завели, що гидко і в губу брати.

1 дівчина. Та не бійтеся, тітко, ми своєю співанкою святих ангелів із хати не виполошимо.

Настя. А ти відки се знаєш? А може, якраз виполошите? Знаєш, як старі люди кажуть: не викликай вовка з лісу. А то буває таке, що як у злу годину скажеш кому лихе слово, то воно зараз сповниться. Мої небіжка мамуня розповідали, що раз один такий

1 парубок. Та пипоть вам на язик! Ідіть до печі та глядіть, чи швидко ті вареники будуть, бо далі Микола з міста приїде та нас понаганяє додому.

Настя. Ади, який швидкий! Не бійся, вареники будуть. Гляди тільки, щоб ти свою рукавицю доплів. (Іде до печі.)

1 дівчина. Ну, кінчім, сестрички, тоту співанку. Вона дуже красна. А така жалісна, аж плакати хочеться.

Анна (від печі). Почекайте-но, як заміж повиходите та на своїх плечах того добра зазнаєте, то вам ще й не так плакати захочеться.

Дівчата. От тобі й на! А ви се відки знаєте? Хіба ви сього зазнали?

Анна. Ну, я не про себе говорю. А втім, що зазнала, то досить мені знати та богу.

Дівчата (хвилю мовчать, потім починають співати):

Ой мужу ж мій, мужу, не бий мене дуже,

В мене тіло біле, болить мене дуже.

Пусти ж мене, мужу, в вишневий садочок,

Най я собі урву рожевий квіточок,

Урву рожу-квітку та й пущу на воду:

Плини, плини, роже-квітко, аж до мого роду.

Плини, плини, квітко, плини по Дунаю,

Як побачиш мою неньку, приплини до краю.

Настя (тим часом повиймала вареники, відцідила їх, полила їх олієм, посолила і ставить на столі). Ну, годі вам співати! Кидайте роботу! Вареники на столі! (Парубки і дівчата покидають роботу і з веселим гамором сідають за стіл і їдять. Настя з Анною коло печі; вона відсипала собі також вареників і сідає на припічку, обернена до столу плечима.) Ну, кумо, помагай і ти!

Анна (глядить до вікна). Господи, яка там шаругаї Коли б тілько наші де з дороги не збилися!, -

Настя. Не бійся, їм не першина.

Анна. Не знаю, але мені так чогось лячно, так чогось сумно, як коли б якесь велике нещастя надо мною зависло.

Настя. Та я то, небого, виджу. Цілий день як сама не своя ходиш. Та й уже сама собі міркую, чого би тобі журитися? Живеш, як у бога за дверми

Анна. Я?

Настя. Чоловіка маєш доброго, тихого, роботящого, що трохи не молиться до тебе.

Анна (зітхає). Та що то з того!

Настя (тихіше). Ага, ти про те, що дітей не маєш. Не бійся, бог ласкав, будуть іще.

Анна (махає рукою). Ей, я не проте!

Настя. А про що ж? Чого тобі ще треба? Що брати тебе на посагу скривдили? Тьфу! Наплюй ти на їх посаг! Тм твоя кривда боком вилізе.

Анна (кидається мов ужалена). Йой, кумо! Та хіба я про посаг? І пощо ви мені згадуєте моїх братів? Адже знаєте, що вони мої найтяжчі вороги.

Настя. Знаю, небого, знаю! Наслухалась я про твоє керваве дівування.

Анна (живо). Що? Про моє дівування? Що ви про нього знаєте?

Настя (добродушно). Все знаю, небого моя, все знаю. Як тебе брати побивали, за наймичку мали, між людей не пускали і вкінці за наймита замуж випхали, ще й на посагу покривдили. Ой, та чи тільки те!..

Анна. Як то? Ще й більше щось знаєте?

Настя (сміється). Та ти, кумо, мене не бійся! Кажу тобі, що знаю все, хоч то від нас не близька сторона, аж у другім повіті, а братів твоїх я й на очі не бачила.

Анна. А відки ж ви все те знаєте?

Настя (сміється). Через сороки-ворони, любонько! Були вже такі люди, що мені доповіли. Навіть би-сь ніколи не вгадала, хто.

Анна. Певне-сте, десь якусь мою посестру на ярмарку бачили?

Настя. Ой, кумонько! Чи то я так на тих ярмарках часто буваю! Ні, таки до моєї хати сама звістка прийшла, та й то не коли, а вчора.

Анна. Ну, то я вже ніяк не вгадаю, хто то міг бути. Парубки і дівчата (встають від їди). Спасибіг вам, тітко Анно, і вам, тітко Насте, за вечерю!

1 парубок. Господи тобі слава, що ся душа напхала!
Настя (б'є його стиркою). Іди, іди ти, негосподарська дитино!

Дівчата. Ну, пора нам додому, а то позамітає дорогу, то не докопаємося вулицею.

2 парубок. Не бійтеся, мої ластівочки! Нас тут хлопців досить, кождий по дві вас на плечі візьме та й додому занесе.

1 дівчина. Овва, які мені силачі. Ще подвигаєтеся та болячки постручуєте!

Збираються, забирають куделі та пряжу і виходять.

Ну, добраніч вам!

Цілуються з Анною, вона світить їм скіпкою до сіней.

Анна. Добраніч, дівчата, добраніч! Та приходіть і завтра, будьте ласкаві! (Зачиняє за ними двері.)

ЯВА ДРУГА

Анна і Настя.

Настя. Та було хіба і мені йти.

Анна (спрятує зо стола). Ой, посидьте ще троха. У вас хата не сама, а як ваш чоловік буде їхати, то й так попри нашу хату, то почуєте. А мені веселіше буде ждати.

Настя (помагає прятати). Та воно то так. А все-таки хата рук потребує. Ну, та вже для тебе се зроблю (Зупиняється серед хати перед Анною, з мискою в руках.) Ну, а ти не цікава, від кого я дізналася про твоє дівування?

Анна. Та що мені! Я не вдатна загадки розгадувати.

Настя (лукаво). А твоє серце нічого тобі не говорить?

Анна. Серце? А вам що таке? Що воно мені має говорити?

Настя. Ага, а на лиці мінишся! Бліднеш, то знов червонієш! Ну, ну, не лякайся! Я знаю все, від нього самого.

Анна. Схаменіться! Що ви говорите? Від якого нього?

Настя. Від Михайла, а від кого ж би?

Анна. Від якого Михайла?

Настя. Ей, кумо, та не прикидайся, що нічого не розумієш. Адже ми обі не діти! Михайла Гурмана знаєш, а?

Анна (відступає крок взад і хреститься). Свят, свят, свят! Ви що се, кумо, говорите? Михайло Гурман - так, я зналася з ним, але його давно на світі нема. Він у Боснії згиб.

Настя. Хто се тобі сказав?

Анна. Я ее знаю, брати говорили.

Настя. Еге, то-то й є, що брати!

Анна. його мати сама лист мені показувала, плакала.

Настя. Ну, то мусив бути лист фальшивий, бо Михайло живісінький.

Анна. Кумо, бійтеся бога, не говоріть сього! Може, вам приснився? Може, дух його вам об'явився?

Настя. Ні, кумо Анно, я тобі кажу: він живісінький. У Жандармах служить уже три роки. Десь був у іншій стороні, а тепер його до нас перенесли. Вчора до нас у хату заходив, про тебе розпитувався.

Анна. Господи, що се таке? Що зо мною діється? Кумо, голубонько! Кажіть, що се вам привиділося, приснилося! Адже ж се ее такє, що здуріти можна! Адже ж я тому Михайлові клялася, присягала, що радше в могилу піду, ніж з ким іншим до шлюбу стану. А тепер!.. Він по мою душу прийшов. Та ні, ні, ви жартуєте, ви тільки так говорите!

Настя. Хрестися, кумо! Чого ти так перелякалась? Тут

13

видима річ, що брати ошукали тебе. Значить, на тобі нема ніякої вини. Він і сам се казав. Він зовсім не винуватив тебе. О, якби ти знала, як він гарно та щиро говорив про тебе!

Анна. Ні, ні, ні! Не говоріть мені нічого! Не хочу чути про нього, не хочу бачити його. (Ходить по хаті, ламаючи руки.) Ой господи! Ой боже мій, та невже сьому правда? Невже і тут мене одурили, ошукали, мов кота в мішку продали?

Настя. Та вспокійся, кумо! Що вже про те говорити, що пропало! Най їм за се бог заплатить.

Анна (все ще в нетямі ходить по хаті). І за що? Пощо? А, знаю, знаю! Вони Михайла боялися, щоб не відібрав від них моєї батьківщини. О, так, так! А сей покірливий, наймит, ще й рад, що що-небудь дістав. Господи, рятуй мене! Не дай одуріти!

Настя (бере її за плече). Та отямся-бо, кумо! Що ти торочиш? Чи не гріх тобі? Ти тепер замужня жінка, треба про се все забути.

Анна (вдавлюється в неї, по хвилі). А так, правда ваша! Правда ваша! Забути треба. Хоч би мало серце розірватися, а забути треба. Ой господи! І як воно досі не трісло? Кілько я намучилася за ті роки! А тепер гадала, що от-от давні рани перестануть боліти. А тут на тобі! Маєш! Той, що досі був для мене помершим, являється наново. Кумонько, матінко моя! Порадь мені, що маю робити? Дай мені якого зілля, щоби тут, отут перестало боліти!

Настя. Де вже мені, небого, до зілля? Не пораджу я тобі нічого, хіба одно: молися богу, чень він відверне від тебе се лихо.

Анна. Молилась, кумо, молилась! Товкла чолом о кам'яні сходи при церкві, слізьми плити вмивала - нічого не помагає.

Настя (надслухує). Га, чуєш? Мабуть, дзвінок теленькає. Певно, наші їдуть.

Анна (при вікні). Теленькає! Ледво чути за свистом вітру, а теленькає. Господи тобі слава, що їдуть! Ходімо зустрічати!

Обидві сквапно одягаються і виходять.

ЯВА ТРЕТЯ

По хвилі входять Анна, Настя і Бабич, увесь у снігу, з батогом у руках.

Бабич. Дай боже вечір добрий!

Анна. Дай боже здоровля! Так, кажете, мій з вами не їхав?

Бабич. Ні, кумо. Я його ще на соляній жупі лишив. Ще докладав своєї купи дров і щось там почав з війтом перемовлятися, та я не дочікував до кінця та й поїхав за іншими.

Анна. Бійтеся бога! Як же ж ви могли його самого лишити в таку страшну негоду?

Бабич. Е, не бійтеся, сам він не буде. Певно, поїхав на Купіння з передільничанами. А наші всі на Радловичі гостинцем їхали. Але він швидко приїде, не бійтеся. Коняти у нього добрі.

Анна. Ой, я чогось боюся. Кажуть, у лісі вовки появилися. Ще не дай боже якого нещастя!

Бабич. Та вспокійтеся, кумо! Ще бог ласкав, відверне від нас лиху пригоду. А Микола не дитина. Він за худобу дбає.

Ну, стара, ходімо їхати додому, там десь конята перемерзли.

Настя. Ну, добраніч тобі, кумо. Молися, небого, богу, все добре буде!

Бабич. Добраніч!

Анна. Оставайтеся з богом!

Бабич і Настя виходять.

ЯВА ЧЕТВЕРТА

Анна (сама, одягнена в кожу і хустині, сідає коло вікна і надслухує). Не чути! Тілько вітер свище і виє. (Заламує руки.) А він жиє, жиє, жиє! Одурили мене, отуманили, загукали, обдерли з усього, з усього! Ні, не хочу про се думати. В мене є чоловік, шлюбний. Я йому присягала і йому додержу віри. (Надслухує.) Ах! Ось він їде! Ну, прецінь! Господи тобі слава! (Виходить.)

ЯВА П'ЯТА

Микола і Анна.

За сценою чути брязкіт нашийників. По хвилі входить Микола, весь присипаний снігом, в гуні, надітій поверх кожуха, в баранячій кучмі, в рукавицях і з батогом. Він стає насеред хати, виймає батіг із-за ременя і починає обтріпувати сніг, стукаючи при тім об землю чобітьми. Відтак охаючи починає роздягатися.

Микола. Ось тобі і заробок! Ось тобі жий та будь! Ой господи, і як се я душі не згубив по дорозі, то й сам уже не знаю! Ох, та й утепенився ж я! Та й промерз до самої кості!

(Відсуває вікно і кричить.) Анно, а коням треба пити дати! Думав напоїти на Купінні, та не мож було!

Анна (за сценою). Добре, добре! Я вже й воду зладила.

Микола (засуває вікно, знімає гуню, потім кожух і вішає їх на жердці). Ну, заробок, нема що казати! За вісім шісток головою наложи - оплатиться. Цілісінький день роби, двигай, волочися, худобу збавляй, мерзни і мокни, як остання собака, - і за все те вісім шісток. А прийдеться платити, то й того їм, людоїдам, жаль. І тото би зажерли. Як дають чоловікові той кровавий крейцар, то так і видиш, що їх і за тим колька коче. А бодай вас уже раз людська праця розсадила та розперла, щоби-сте лиш очі повивалювали, нелюди погані! (Сідає кінець стола і починає стягати чоботи.) От іще бідонька моя! (Кричить.) Жінко, гей, жінко! Анно! Де ти там?

Анна (входить). Ти мене кликав?

Микола. Таже кликав. Ну що, коні пили?

Анна. Ще й як. Так, біднята, перемерзли, мов риби тряслися. Бідна худібка! Я їм трохи сировиці до води долила, випили по дві коновці.

Микола. А їсти мають там що?

Анна. Ну, та вже я не спустилась на тебе, поки ти їм даси. Мають по гарцеві вівса, та й січки я нарізала у заступника на машині, ну, та й сіна поза драбину понапихала. Ба, та чого ти так запізнився?

Микола. Ет, воліш не питати. От ходи та поможи мені чоботи стягнути. Ади, позамерзали як костомахи, та боюсь, щоб ноги не повідморожувати.

Анна. Пек-запек! Що ти говориш? Ще би нам лиш того

бракувало! (Бере за чобіт, тягне, та, заглянувши Миколі в лице, опускає ногу, відступає на крок узад і хреститься.) Свят, свят, свят! Миколо! А тобі що такого? Ти весь у крові!

Микола. Я?

Анна. Бійся бога! А се що таке? Чи бійка де була? Чи, може, ти скалічився де?

Микола. Та ні, ні, не бійся!

Анна (кидається до нього і розпинає лейбик). Та почекай лишень! Господи, сорочку покровавив! Ну, що се таке з тобою сталося, Миколо?

Микола. Та то наш війтонько гідний та поважний.

Анна. Що? Бив тебе?

Микола. Та певно, що не гладив. (Гримає кулаком об стіл.) Але я йому не подарую! Я на нім своєї кривди пошукаю!

Анна. Ба, та що таке межи вами зайшло? За що?

Микола. Питай ти мене, а я тебе буду. За нізащої з доброго дива мене вчепився, бодай його той учепився, що в болоті сидить.

Анна (все ще оглядає його). Та не клени, Микола не гніви бога! Ой господи, та з тебе тут кварта крові зь йшла! От іще недоля моя! Давай я обмию. Десь тут іще тепла вода лишилася. (Іде до печі.)

Микола (кричить). Ні, не треба! Я його до суду завдам! Я завтра, ось так як є, до самого пана суддї піду. Най пани побачать! Не мий!

Анна (наливає в миску води і наближається). Іди, іди, бідна ти голово! Не роби з себе сміховище людське! Війтові нічого не зробиш, тільки з себе сміх зробиш.

Микола. Як то нічого не зроблю? То цісарське право позволяв отак над людьми збиткуватися? Як він війт підприємець від довозу дров на жупу, то йому вільно з чоловіка й душу вигнати?

Анна. Ти, певно, знов поліна продавав?

Микола. Ну, та певно, що мусив продати. Бійся бога, чоловік намучився в лісі, намерзся, як собака, крейцарика при душі не має, а треба прецінь чимось душу підкріпити.

Анна. Ей, Миколо, Миколо! Кілько разів я тобі говорила: радше притерпи, а не роби сього! А тепер ще до суду хочеш іти! Адже війт тебе за таке до арешту борше запакує, ніж ти його!

Микола (глядить на неї зострахом). Агій, жінко! Та се ти правду кажеш! А мені се і в голову не прийшло. Ну, на, мийі

Анна (миє його). Я би не знати що за се дала, що ти не тілько поліна продав, а ще й сам війтові якесь згірдне слово сказав.

Микола. Я? Та скари ж то мене господи, що ні! Вчепився мене, що латер неповний. Я, як звичайно, остатній накладав, а він до мене. Вже там хтось мусив мене прискаржити, що я пару тих дурних полін продав.

Анна. А може, він і сам видів?

Микола. А дідько його знає, може, й видів. Досить, що він до мене. "Я тобі, - каже, - не заплачу, поки латер не буде цілий". А я кажу: "Який був у лісі, такий тут є". А він мені каже: "Брешеш, ти п'ять полін продав". А я йому кажу: "Як продав, то не сам продав. І інші продають". А він до мене пристав: "Хто продає?" Та й хто, та й хто? Що я мав йому казати? По правді, чоловік нічого не бачив, а так на першого-ліпшого говорити стидно. От я возьми та й скажи йому: "Та й ви самі, доки-сте не були підприємцем, то-сте продавали". Не встиг я йому се сказати, а він як не кинеться на мене, як не почне гаратати мене палицею! Та через голову, та куди попало. То вже я й нестямився, коли, і хто, і як мене відборонив та на сани посадив.

Анна (хитає головою). Я так і думала, що ти щось таке мусив ляпнути. Війт не такий чоловік, аби когось задармо вчепився.

Микола (гірко). О, та певно. У тебе кождий чес' ний, кождий розумний, коби. тільки не твій чоловік.

Анна. Я тобі честі не уймаю, але полін не треба було продавати.

Микола. Л мерзнути та о голоді бути треба!

Анна. Було собі з дому взяти пару крейцарів на горівку, коли вже без неї не можеш обійтися. Адже ж ми вже не такі остатні.

Микола. От таке! На заробок їхати і ще гроші з дому брати!

Анна. Ну, коли так, то маєш заробок, якого-сь хотів. (Застелює стіл і заходиться давати вечерю.) Ну, але де ж ти так довго барився?

Микола (гнівно). А тобі що до того? Не твоє діло! Коли я тобі такий нелюбий, то не питайся мене ні про що!

Анна (ставить миски на стіл). Ну, коли так будеш зо мною говорити, то певно любіший не будеш.

Мовчанка. Микола тарабанить пальцями по вікні, Anna заставляє вечерю. Микола обертається і починає мовчки їсти. Втім чути стукання до вікна. Анна здригається, Микола випускає ложку з рук.

Анна. Свят, свят, свят! А се що таке?

Микола. Хтось до вікна стукає! В таку пізню годину, в таку негоду - ой, може, яке нещастя!

Голос за вікном. Гей, люди, створіть, не дайте душі загинути!

Анна. Хтось, певно, з дороги збився. Біжу створити.

Микола. Анно, стій! Може, яка зла душа?

Анна. Ба, та що? Дати чоловікові загибати? Та й що нам зла душа? Взяти у нас нема що, нікому ми нічого не винні, то чого нам боятися? (Виходить. Чути калатання засувів.)

ЯВА ШОСТА

Микола, по хвилі входить Жандарм з карабіном, увесь присипаний снігом, за ним Анна.

Жандарм. Дай боже добрий вечір!

Микола. Дай боже здоровля!

Жандарм. Перепрашаю, що в таку пізню пору неПрошений до вашої хати набиваюся. Але там такастоашна буря, куревільниця, щоне дай господи! Я з дороги збився думав уже, що або замерзну де в заметі, або вовкам на зуби попадуся.

Анна (хреститься). Господи!

Жандарм (озирається на неї, витріщує очі, потім перемагає себе). А так! Недалеко вже було до того. Там під лісом чути, як вони виють. Кождої хвилі могли, бестії, зо мною привітатися!

Микола. Та роздягніться, пане, сідайте! Адже ж тепер, під ніч, далі не підете.

Жандарм. Та куди вже! Ніг своїх не чую, так промерз та змучився! Ой, господи тобі слава, що з душею з того снігового пекла вихопився! (Обтріпується зо снігу і починає роздягатися. Микола придивляється йому ближче.)

Микола. А ви відки, пане шандаре?

Жандарм. Та ходом з міста.

Микола. Ну, так, ходом. Але родом? Даруйте, але мені здається, що я вас десь колись бачив.

Жандарм (сміється). Ну! Чи не ще! Миколо, старий побратиме! Хіба ж ти не пізнав мене? (Клепле його по плечі.)

Микола. Михайло Гурман! Так се ти! А ми гадали Анно, ба, а ти хіба не пізнала Михайла?

Анна (зовсім забувшися, стоїть кінець столу і, не дивлячись на них, шепче молитву). І остави, і ослаби, і відпусти, господи

Жандарм (регочеться). Анно! Господине! Що се вам на побожність зібралося? Що ж то, не привітаєтеся зо старим знайомим?

Анна (подає йому руку). Як ся маєте, пане шандар?

Жандарм (хвилю пильно глядів на неї, потім пустив її руку, зціпив зуби і відвернувся, говорить далі тільки до Миколи). Ну, нинішньої ночі не забуду, доки життя мого. Знаєте, як я почув крізь вітер ті вовчі голоси, та й то так недалеко - ну, гадаю собі, вже по мені! І так мені нараз мовби хто приском поза плечима посипав. І в тій самій хвилі я побачив збоку світло. Зразу подумав, що то вовк очима блимає, але далі бачу, що стоїть на місці І вже я нічого більше не думав, не міркував, тільки як не пущуся бігти півперек снігів, через якісь рівчаки, замети та плоти. І бог його знає, відки в мене стільки сили набралося. Гримнув чоловік собою з десять разів, то правда, але богу дякую, що. хоть кості цілі!

Микола. Ну, що ж, богу дякувати! Але скажи ти мені, будь ласкав, що се з тобою? Відки ти взявся? Адже ж казали, що ти

Жандарм (регочеться). Ха, ха, ха! Що я що такого?

Микола. Ну, та що ти погиб, умер

Жандарм (сміється ще дужче і підходить до нього. Микола цофається). Ха, ха, ха! Та се й правда! Адже ж я небіжчик. Не віриш, Миколо? Я вмерлий! Я з гробу приходжу.

Микола (переляканий, хреститься). Свят, свят, свят!.. (Слабо всміхається.) Ну, що ти дурниці говориш, Михаиле? То не годиться з такими річами жартувати.

Жандарм (грізно). Ти думаєш, що я жартую? Ану, на, доторкнися мене! (Простягає руку, Микола відскакує) А видиш! Та проте дарма! Знаєш, Миколо, пощо я прийшов?

Микола. Ти? До мене?

Жандарм. Еге! По твою душу. (Регочеться.) Ха, ха, ха! Ото

налякав! Ну, не бійся, бідолахо! Твоя душа не така-то дуже цінна річ, щоб аж мерці з гробу по неї приходили. Не бійся, ади, я живий чоловік, такий, як ти! (Плеще його по плечі.) А відки я тут узявся, се я тобі зараз скажу. Вернувши з війська, я продав грунт і хату і вступив до Жандармів, ось уже три роки служу. Зразу на границі був, пачкарів ловив, а отеє пару неділь тому перенесли мене в сей повіт.

Микола. І чи не можна було відразу се сказати? А то на тобі! Взявся страшити мене небіжчиком. Ей, Михаиле, Михаиле! Ти, як бачу, все ще такий збиточник, як був колись. (Хитає головою.) Ну, сідай та от вечеряй разом з нами.

Жандарм. Отеє справді розумне слово. (Бере за ложку і сідає коло столу.) Ба, а ви чому так пізно вечеряєте? Адже, певне, вже північ буде!

Микола. Адже я в такім самім був, як ти. Тілько недавно з дороги приїхав.

Жандарм (їдячи). З якої дороги?

Микола. Та з міста. Латри возив на жупу та й так припізнився. Насилу додому допхався, (їсть.) А ще мені лиха доля казала їхати на Купіння. Думав, що ближче буде, півперек лісу, а тим часом там замело так, що я троха худоби навіки не збавив,

Жандарм (кладе ложку і глядить на нього здивований). Що? Ти сеї ночі на Купіння їхав?

Микола. Таже їхав.

Жандарм. Попри купінську коршму?

Микола. Ну, таже не куди. Ще зупинився, хотів коні напоїти, та якась мара відро урвала. Почав було стукати до жидів, але якось ніхто не виходив, а я подумав собі: "Ей, уже й так додому близько!" Та й не достукавшися нікого, взявся та й поїхав.

Жандарм. А давно се було?

Микола. О, певно, що вже зо три години тому. Хоть то від нас до купінської коршми ледво півмилі, але як я почав їхати, як почав стрягнути та з дороги збиватися, то здавалося, що принаймні півроку їду. А тут чоловік сам-самісінький у лісі.

Жандарм. То ти сам їхав? І не тямиш, їхав ще хто за тобою?

Микола. Де там! Усі наші геть поперед мене виїхали, та й усі їхали на Радловичі, гостинцем.

Жандарм. Ну, а в коршмі світилося?

Микола. Та було світло, але вікна були заслонені та й двері замкнені. Мабуть, жиди вже спали, бо на мій стук ніхто не обізвався.

Жандарм (воркоче). Ну, певної

Їдять, мовчанка. Анна сидить на припічку, силується їсти, та не може.

Ну, спасибі вам, пане господарю, за вечерю! (Кладе ложку і встає.)

Микола. За мало. Видихай здоров! (Встає також, оба сідають на лаві.)

Анна мовчки спрятує зо столу.

Жандарм (придивляється Миколі збоку). Ба, що се у

тебе, Миколо, таке лице обдряпане? Я щось не тямлю, аби ти був охочий до бійки!

Микола (змішаний). Я? Ха, ха, ха! Та куди мені до бійки? Я чоловік спокійний. А се ті нещасні латри сьогодні так мене доїхали. Тілько що я почав брати з купи поліна, а вся верхня верства гур-гур на мене. Ще щастя, що мене на місці не забило.

Жандарм. Ов, то погана пригода!

Микола. Ой, най бог боронить від такого заробку!

Жандарм. А багато заробляєш на день?

Микола. Е, тілько того заробку як кіт наплакав. Вісім шісток на день. А кілько чоловік надвигається, намерзнеться, намучить себе і худобу і нагризеться, то відрікся б і того заробку.

Жандарм (знов придивляється його лицю). Але тебе, брате, таки порядно ті поліна мусили заїхати. Ціле праве лице мов граблями подряпане.

Микола. Та кажу тобі, що як на мене з правого боку поліна гуркнули, то я думав, що вже мені голову на камуз розбили.

Жандарм (встає, проходиться по хаті і сідає ліворуч від Миколи, а потім глядить на нього). Ов, та бо у Тебе і з лівого боку ще гірше каліцтво.

Микола (змішаний). А то я тим боком на землю впав, на ріще, та й так направився. Ще щастя, що ока на сук не висадив.

Жандарм (заглядає йому в очі). Е, та бо і спереду шрам на чолі, зовсім, як би хто подряпав. Ще й синці попід очима.

Ей, Миколо, признайся, се не від полін!

Микола (ще гірше змішаний). Що ти знов! До чого маю признатися? Біймебоже, що я з ніким не бився! Та й нащо би я тебе дурив?

Жандарм (сміється і клепле його по плечі). Ну, ну, Микола, не бійся! Я нині твій гість, то не потребуєш Nмені ні до чого признаватися. Але се одно тобі скажу, небоже: ти на крутаря не вродився. Видно відразу, коли хочеш щось збрехати, а воно тобі ані руш не удається!

Микол а (заляканий). Але ж скари ж то мене господи!

Анна. Миколо, та покинь же божитися! Ось подумай радише, де ми пану шандареві постелимо. Пізна година,, а ви оба помучені, пора спати. Микола. Ай, ай, ай, твоя правда, небого! А я, дурень, забалакався та й забув про се! Я зараз, зараз! (Хапається сюди й туди по хаті, та не може потрапити на лад. Надіває шапку та й кожух.)

Анна. Ба, ти куди?

Микола. Я зараз! Знаєш, я так думаю: околот соломи принесу, постелимо Михайлові отут на землі. Ти только верет яких приладь, подушку, а кожухом накриється.

Жандарм. О, спасибіг вам. У мене е свій плащ.

Анна. Та я би була сама за соломою пішла. Микола. Ну! Куди тобі! Я сам заразісько принесу. (Бере шапку і виходить.)

ЯВА СЬОМА

Ті самі без Миколи.

Анна порається коло постелі.

Жандарм підходить до неї і бере її за плечі.

Жандарм. Анно!

Анна (ледве чутно). Чого тобі?

Жандарм. Що, ти навіть поглянути на мене не хочеш?

Анна обертається до нього лицем, але зараз спускає очі вниз і мовчить. Жандарм довго дивиться на неї.mНелюди! Поганці! Таки додержали слова, закопали тебе живцем у могилу! Бог би їм сього не простив!

Анна. Про кого се ти?

Жандарм. А про кого ж би, як не про твоїх коханих братчиків? Знаєш, як мене взяли до війська, то один із них у коршмі виразно сказав мені: "Ти, Михаиле, іди в божий час, але про Анну і не думай. Не буде вона твоя, хоч би ми мали її живцем у могилу закопати". Я тоді розсміявся йому в очі, але бачу, що вони таки поставили на своїм.

Анна (несміло). Так ти не гніваєшся на мене? Не проклинаєш мене?

Жандарм. На тебе, бідна сирото! Хіба ж я не знаю, що ти тут нічого не винна, що у тебе не було власної волі, що тебе загукали, одурили, замучили?

Анна плаче.

Та ні, признаюся тобі, в першій хвилі, дізнавшися, що ти вийшла заміж за отсього тумана, я був лютий на тебе. Я був би вбив тебе, коли б ти була де близько. Я цілими днями бігав мов одурілий по полю і кляв тебе, просив на тебе у бога найтяжчої кари, найстрашнішого лиха,

Анна (перелякана). Михайле!

Жандарм. Не бійся, бог не дитина, щоби слухати прокльонів одурілого чоловіка.

Анна (крізь сльози). Ой, боюсь, що він таки вислухав тебе!

Жандарм (радісно). Що? Значить, ти не забула мене? Любиш мене ще, Анно?

Анна (з переляком відпихає його від себе). Мовчи, мовчи! Що ти говориш? Не смій до мене так говорити. Я шлюбна жінка, я чоловіка маю.

Жандарм. Е, що такий чоловік! Нині є, а завтра може не бути.

Анна. Як то? Що се значить? Що ти говориш?

Жандарм. Нічого. Так собі. Але якби його не було, то ти

Анна. Мовчи! Мовчи! Не говори! І про чоловіка мого не смій думати нічого злого!

Жандарм. Ет, говори собі! Се ми вже побачимо. Що я про нього думаю, то моя річ.

Анна (бере його за рам'я). Михаиле, що ти думаєш, скажи мені?

Жандарм. Дай мені спокій! Завтра побачиш!

Анна. Завтра? Значить, є щось? Ти щось задумав? Щось страшне? О, так! Бачу се по твоїх очах! Чула се с твого голосу, коли ти розпитував його про ті шрами. О, я знаю- тебе, у тебе кам'яне серце! Я не буду просити тебе, щоб ти змилувався над нами, не погубляв нас. Одно тільки тобі скажу, що двоє невинних людей візьмеш на душу!

Жандарм. Я маю в бозі надію, ані одного не візьму. Але те одно тобі скажу, що твій чоловік був би дуже добре зробив, коли би був нині дома сидів і не їздив на заробок.

Анна. Звір ти, звір лютий! Наострився пожерти нас і тепер думаєш, що найшов притоку. Але бог тебе, покарає, тяжко покарає?

Жандарм (сміється). Ха, ха, ха! Ось гарно: двоє мерців зійшлося, що за життя любилися і по смерті одноза друге не забули, а зійшовшися, не мають що ліпшого робити, як сваритися. Анно, серце моє! Невже ж я такий, ненависний тобі?

Анна. Чого ти хочеш від мене? Чого прийшов у сі сторони?

Жандарм. Богом тобі клянуся, що я не хотів. Два місяці я вже тут, а знаєш сама, що я досі оминав вашу хату. Аж сьогодні - не знаю, чи бог, чи зла доля завели мене до вас.

Анна. Годі. Чоловік іде! (Стелить постіль, Жандарм сідає кінець столу і ніби дрімає.)

ЯВА ВОСЬМА

Ті самі і Микола з околотом соломи.

Микола (кидає околіт насеред хати). Ну, та й шаруга ж там, господи! Завтра, мабуть, нашу хату рівно зі стріхою замете. Адже я ледво докопався з хати до стодоли. (Роздягається.) А ти що, Михаиле, дрімаєш? А я думав, що ти з давньою знайомою (моргає на Анну) схочеш побалакати. Адже ви колись любилися

Жандарм. Е, чи одні то дурниці чоловікові по голові стріляли, поки молодий був. А тепер, як чоловіка в війську промуштрували, та по босняцьких горах прогонили, та на шандарській службі підгартували, то куди вже йому давні любощі згадувати. Та й твоя жінка, вибачай за слово, якась мов прикисла троха. Мабуть, міцно її в руках держиш, га?

Микола. Я? Її? Господи, та вона мене Та я би її Але що таке говорити! Смішно мені, старому. А от що сумує та тоскує вона коло мене, се правда.

Жандарм. Ну, се вже ваша обоїх річ. Що мені в те мішатися!

Микола. Так, брате, твоя правда. Муж і жона - одна сотона; чужому нема що туди пальці втиркати.

Анна (стелить Жандармові на землі). Ти, Миколо, двері позамикав?

Микола. Ба, аякже! (Позіває.) О, пора в стебло. (Хреститься і шепотом молиться до образів.)

Жандарм. Та хіба й собі роздягатися. (Роздягається, хреститься і лягає на землі.) А якби я завтра рано не збудився, то будьте ласкаві збудити мене, скоро встанете.

Анна. Добре, добре. (Кладе його карабін на лаву, заглядає до печі і затикає її. Тим часом Микола, скінчивши молитву, розперізується і лягає на постелі.)

Микола. Ти спиш уже, Михаиле?

Жандарм. Та дрімаю. Або що таке?

Микола. Та нічого. Добраніч тобі!

Жандарм. Добраніч!

Анна хреститься, відтак стає за припічок і гасить лампу.

Заслона спадає

ДІЯ ДРУГА

Декорація та сама. День. В печі горить.

Микола парить березове пруття і крутить ужівки.

Анна то порається коло печі, то помагає йому.

ЯВА ПЕРША

Микола і Анна.

Микола. Ну, держи добре, не пускай! (Крутить.) Так. Тепер давай сюда. Най його хороба спіткає з його латрами! Плюнув би чоловік на той заробок, а тут ні, їдь знов, щоби того проклятого латра докапарити, щоб він йому стікся.

Анна. Та чень нині легше буде їхати, ніж учора. Бач, випогодилося!

Микола. Ага, випогодилося! А вчора дорогу замело зо шумом, що й сліду не найти. Ні, я таки не поїду сьогодня. І себе збавлю, і худобу, а за що? Нехай він пропадає зі своїми латрами.

Анна. Та то певно, що ліпше не їхати, ніж по снігах з тягарем копатися. Латри не втечуть, а робота й дома найдеться. Ой, якби ти був учора мене послухав та, не їхав!

Микола. Або що?

Анна. Та нічого. Але моє серце чує якусь біду. Яка мені

нині погань снилася, то нехай бог боронить! Десь ніби я коралі сію по хаті, по оборі, по цілім селі, та такі грубі та червоні

Микола (немов сам до себе). Коралі-то сльози.

Анна. А далі десь ніби на нашу хату з усіх боків пси гавкають, у двері лізуть, у вікна голови пхають, та такі люті та розжерті

Микола. Люті пси - то напасть.

Анна. А далі десь ніби мене до шлюбу вбирають а в саме біле: білі черевики, білу спідницю, білу перемітку.

Микола. Свят, свят, свят! Що тобі, жінко? Най бог відвертає від нас усе лихе! Що ти говориш?

Анна. Та що таке? Хіба се що значить?

Микола. Та бодай у лиху годину не згадувати! Господи! Сон, мара! На все божа воля. Не треба ніколи забігати поперед батька в пекло, ось що! (Крутить далі.) Гм, і що його робити з тими латрами, і сам не знаю.

Анна. Може би піти спитати Бабича, чи він їде?

Микола. То правда. Як він їде, то ніяково мені лишатися. Як тільки сани полагоджу, то зараз піду до нього. (Кидає готові ужівки і сідає на лаві.) Ой, крижі болять! Господи, проробив чоловік свою силу на чужих людей, а тепер для себе лиш осточки лишилися. Анно!

Анна (коло печі). Чого тобі?

Микола. Що сей шандар так рано схопився? Я й не бачив, коли вийшов.

Анна. Казав, що мусить, служба.

Микола. А знаєш, я як його побачив, то зразу одеревів на місці. В таку годину, в тім мундирі - зовсім здавалося, що се мертвець з тамтого світу до нас приходить. А тим часом, бачу, він живий.

Анна. А хіба ж ти не знав, що він у наших сторонах?

Микола. Я? Та відки я мав знати? Я був певнісінький, що він давно вже зогнив у Босні. Адже ж твій братьб присягався передо мною, що його нема на світі, навіть карту з війська показував. Тільки то біда, що я неписьменний, то й не міг прочитати.

Анна. Значить, і тебе так само одурили, як і мене.

Микола. Не знаю, пощо їм так конечно забаглося випхати тебе на десяте село.

Анна. А я знаю. Не хотіли мені нічого дати з вітцівщини. Ну, а якби я була пішла за Гурмана, то той би їм був з горла видер. Ти знаєш, який він був чоловік. Боялися його, то й постаралися разом з війтом, що його, одинака в матері, випхано на війну, а потому скористали з часу, щоби мене також випхати в інший бік. Ось і вся мудрість.

Микола. Господи, а я й не догадувався, куди стежка в горох! Чоловік з багачами кумпанії не водив, то й на багацьких штуках не розуміється.

Анна проходить коло нього, він ловить її, прихилює і цілує в чоло.

Бідна ти моя небого! А ти дуже любила сього Михайла?

Анна (спалахнувши). Ну, що вже про се говорити? Любила чи не любила, тепер нема що й згадувати. От радше йди сани ладь! Обід уже готов. Поки ти там упораєшся, то вже вистигне як слід.

Микола. Твоя правда, Анно! (Встає і бере ужівки.) Не час бідному згадками бавитися, треба роботу робити. Наливай лишень, я зараз буду готов! (Виходить.)

ЯВА ДРУГА

Анна і Микола за сценою.

Анна (наливає борщ у миску, насипає у другу квасолю і ставить на стіл). Чи дуже любила сього Михайла? Здається, що дуже, коли й досі вся тремчу, всю мене мороз проходить, як його згадаю. Здається, що таки дуже. А може, більше боялася його, ніж любила. У, сила у нього! Вола за роги хопить та й на землю кине. Господи, таких, як мій, то йому ніщо двох у одну жменю. Самим поглядом, здається, наскрізь тебе прошибає, мов розпаленим дротом. Ох, та й боюсь я його тепер! Боюсь, як найтяжчого ворога! І певно, що як він на нас завзявся, то зітре нас на порох, знищить, зруйнує. Бо хіба ж мій чоловік зможе з ним боротися?

Микола (за сценою). Анно, гов, Анно!

Анна. А чого тобі?

Микола. Де ти рептюх поділа? Най коням сіна накладу.

Анна. Та рептюх осьде в сінях; я давно сіна наклала. Ходи їсти. (Вигортає огонь з печі.)

Микола. Зараз, тільки ще лещети поладжу. Десь два лещети випали.

Анна. Та лиши лещети на потому, не втечуть! Ой господи, чим далі, тим чогось гірше мені робиться.

Моторошно, мов перед пожаром. Усе мені здається, що осьось якесь нещастя

ЯВА ТРЕТЯ

Микола і Анна.

Микола (скрипнув дверми входячи). Н-ну!

Анна (схапується від печі). Ох! Се ти?

Микола. А тобі що такого, жінко? На тобі лиця нема!

Анна. Нічого, нічого. Щось мені недобре зробилося. Се, мабуть, від печі Я трошка загоріла, та голова крутиться. Сідай лишень та їж, я нап'юсь води, то мені легше буде;

Микола (сідає за стіл, хреститься і бере ложку). Та ходи й ти обідати. Мені якось самому страва в рот не лізе.

Анна. Е, що там! Не прибагай собі нічого, їж! А я тим часом піду до Бабича та спитаю його, чи їде він у ліс.

Микола. Га, коли так, то йди. Троха пройдешся, то чень і голова перестане боліти. Іди, йди! (їсть.)

Анна накидає на голову хустку і направляється до дверей. В тій хвилі двері відчиняються. Входять Жандарм, війт. Бабич, присяжний і ще один селянин.

ЯВА ЧЕТВЕРТА

Микола, Анна, Жандарм, війт, Бабич і один селянин.

Війт (входячи). Слава Ісусу Христу!

Микола. Слава навіки. Просимо до обіду!

Війт. Обідайте з богом святим, най бог благословить!

Микола. Сідайте, пане війте. Що вас сюди до нас приводить?

Війт (сідає на ослоні плечима до столу, Жандарм на лаві, присяжний і селянин стоять і роззираються по хаті). Гм, так собі. Маємо до вас маленьку справу.

Микола. До мене? А то що такого?

Війт. Ви вчора сказали пану шандареві, що були вночі в коршмі на Купінні?

Микола. Та був. Не в коршмі, а під коршмою.

Війт. І пізно вночі?

Микола. Та пізно. Вже за мною, бачу, ніхто не їхав.

Війт. Ви приїхали додому закровавлений?

Микола. Та та так.

Жандарм. Що? Ви й додому закровавлений приїхали? Я сього від вас не чув. Господине, правда се?

Анна. Та правда. Я сама його обмила.

Жандарм. О, се важна річ. (Пише в книжечці.) А ви ж сказали, що в лісі скалічились, ще як латри брали. Значить, ви й до міста їхали закровавлений і з міста вертали у крові?

Війт. Він вам так казав? Ну, се неправда. Він у місті був здоровісінький і зовсім чистий. Я прецінь його сам бачив на жупі.

Микола. Скажіть же всю правду, пане війте!

Війт. Яку всю правду?

Микола. Адже ж се ви самі мене так покровавили.
Жандарм (схапується). Що, що, що?

Війт. Брешеш, Миколо. То правда, що ми троха з тобою перемовилися за ті поліна, але покровавити тебе я ані гадки не мав.

Микола. Я маю на те свідків. Я навмисне не змивав крові з себе і додому так приїхав, щоби вас до суду завдати.

Війт. Ха, ха, ха! Мене! До суду!

Жандарм. Яких маєте свідків?

Микола. Та от кум Бабич і кум Калинич також там були, то можуть посвідчити.

Бабич (шкробається в голову). Та бути я був, то нема що казати; але того я не бачив, аби вас кум начальник покровавив. Ударив вас поза вуха, то правда, але \. щоби вас отак подряпав, то я того не можу посвідчити.

Селянин. І я також не можу.

Жандарм. Миколо Задорожний, я вас арештую. (Видобуває з торби залізні ланцюжки з наручниками.) Давайте сюди руки і не думайте опиратися, бо вам гірше буде.

Анна. Ой горечко моє!

Микола. Арештуєте? Мене? За що?

Жандарм. Ви самі, певно, ліпше знаєте за що.

Вчорашньої ночі на Купінню в коршмі всіх жидів вирізано.

Микола. Ой господи! То я би мав у тім бути?

Жандарм. Я не знаю. Дай боже, щоби ні. Але скажить самі, чи против вас усе не свідчить? Коли ви невинні, то не маєте чого боятися, на суді ваша правда покажеться. Але я мушу своє зробити. Давайте руки!

Микола. Бог видить мою душу. Я невинний. Робіть зі мною, що хочете. (Подає руки, Жандарм заковує його.)

Жандарм. Так, то розумно. А тепер скажіть мені, де ті чоботи, що ви вчора мали на собі?

Микола. А онде стоять у запічку.

Жандарм. Присяжний, подайте їх сюди!

Присяжний подає, війт і Жандарм оглядають їх до вікна.

Є! Ось крові

Війт. І ось тут є!

Жандарм. То сумно. Відложіть набік!

Микола. То з мене кров, як я їхав. Жандарм. Се вже будете в суді толкувати, се до нас не належить. Ви мали з собою сокиру? Де вона?

Микола. Он під лавою. Жандарм. Присяжний, подай її сюди!

Присяжний подає, Жандарм і війт оглядають.

Є й тут кров. Ось на топорищу. В і й т. І ось на обусі. І ось на лезі. Жандарм. Відложіть набік! А тепер покажіть кожух!

Оглядають кожух.

Є й тут. Відложіть набік. (Іде до постелі і шукає під подушками в соломі. До Анни.) Створіть скриню!

Анна весь той час стояла мов остовпіла, не рушається з місця, тільки глядить на нього.

Жандарм. Чуєте, жінко, створіть скриню! (Коли вона не рушається, він виймає їй із-за пояса ключ, відчиняє скриню і разом з війтом починають перешукувати все.) Ну, тут нема нічого. Пане війте, присяжний і ви, свідки, ідіть з ним і перешукайте все обійстя, шопу, комору, стодолу, всякі скритки! А я тут переслухаю господиню.

Війт. Ну, Миколо, ходи з нами!

Микола. Господи, ти знаєш, за що на мене такий тяжкий хрест посилаєш, нехай буде твоя воля! (Виходить, за ним війт, присяжний і селянин.)

ЯВА П'ЯТА

Жандарм і Анна.

Жандарм (по їх відході хвилю мовчить, стоячи недвижно серед хати напротив Анни, яка стоїть коло вигаслої печі. Відтак він випростовується і підносить голову. Остро.) Анно!

Анна підводить голову, глядить на нього з невистазаною тривогою і опускає очі.

Жандарм. Сюда ходи!

Анна підходить до нього і зупиняється.

Жандарм. Ближче, ближче! Гляди мені в очі! Просто!

Анна (силується глядіти, тремтить уся, потому кидається перед ним на коліна). Михаиле! Михаиле! Не муч мене! Не можу глядіти на тебе! Ти такий страшний!

Жандарм. Дурна! Чого тобі боятися? Для злодіїв, розбійників я можу бути страшний, се моя служба. Ти не бійся!

Анна. Але ж він нічого не винен! Михаиле! Що ти наговорив на нього? Клянусь тобі, він не винен!

Жандарм. Хто він? А, твій Микола! Ну, а може, й винен?

Анна. Ні, ні, ні! Ніколи! Він такий добрий, він хробака дармо не розтопче, не то щоб чоловіка вбив!

Жандарм. А мене вбив! Мене зробив нещасливим! Ні, не говори мені про нього! Яке мені до нього діло? Я йому не ворог, а трафилися такі сліди, що свідчать против нього, то я його мушу арештувати. Мушу, чуєш? Се моя служба. Коли він не винен, то в суді його правда покажеться.

Анна. Так чого ж ти від мене хочеш? Я прецінь з ним не була, нічого не знаю. Лиш то знаю, що приїхав кровавий і казав, що його війт побив.

Жандарм. Байдуже мені про се. Будеш те в суді говорити. Я про що інше хочу з тобою побалакати. Анно, дивися мені в очі! (Бере її за плечі і вдивляється їй у очі.) А ти ще гарна, молода, свіжа! Анно, любиш мене?

Анна (тремтить). Михаиле, пусти мене!

Жандарм. Ні, не пущу! Скажи зараз, любиш мене? Анна (відвернувшись). Ні, ні, не люблю! Ти страшний! Не люблю!

Жандарм (грізно). Гляди мені в очі, чуєш? Анна дивиться йому в очі.

Скажи тепер, любиш мене?

Анна. Михаиле! Братчику мій, не муч мене! Коли отак впираєш у мене свої очі, то мені так важко, так страшної Сама не своя стаю!

Жандарм. Дурниці! Говори, любиш мене? Анна (ледве чутно). Люблю. Жандарм. Ще раз скажи! Голосніше! ан н а. Люблю.

Жандарм. Пам'ятай же. І будеш моєю? Стій просто, не трясись! Знай, що від мене не втечеш! О, я не такий, щоб тебе пустити з рук! Раз мені щастя всміхнулося по тільких роках, то вже я тепер не випущу його! Зубами в нього ввіп'юся, а не випущу. Говори, будеш моєю?

Анна. Ради бога, Михаиле! Не говори сього! Я шлюбна жінка! Я присягала. Гріх мені таке слухати, гріх подумати про таке!

Жандарм. А не гріх було дати мені слово, а потому вийти за другого? Не гріх украсти моє щастя?

Анна. І моє вкрадено, голубе мій! І моє серце розбито, і мене з нелюбом спаровано! З туманом отаким, що з ним ні в кут ні в двері, що з нього люди сміються, що хіба хто не хоче, той з нього не глузує! А ти ще дорізати мене хочеш!

Жандарм. Дарма, дурне говориш! Коли се правда, що кажеш, то будь моєю! На злість тим, що нас розлучили. Наперекір тим, що вкрали наше щастя. Ми його відокрадімо, наше щастя!

Анна. Бог нас покарає, бог!

Жандарм. Не слухай того! Бог нашої муки не потребує. А трафилась нам нагода, то й пожиймо свобідно та покоштуймо щастя.

Анна. Чи довго воно потриває?

Жандарм. Щастя ніколи довго не триває. Щастя все - день, година, одна хвилина.

Анна. А потому?

Жандарм. Потому? Мені то в голові, що потому буде! Досі бідували та мучились, і потому те саме буде. Овва, велика невидальщина. Хіба тобі страшно?

Анна (не зводячи з нього очей, ледве чутно). Ні, не страшно.

Жандарм. Так хочеш бути щасливою?

Анна (так само). Хочу.

Жандарм. Так будеш моєю?

Анна (так само). Буду.

Жандарм. Пам'ятай же! Держу тебе за слово. А як і тепер мене одуриш, то горе тобі! Я страшно пімщуся на тобі й на нім.

Анна (так само). Ні, не одурю.

Жандарм. Ну, продрухайся! Що се ти мов крізь сон говориш? (Потрясає її за плечі.) Ось вони надходять. Плач, ламай руки, щоби нічого не догадалися. Проси мене, щоб я його помилував. А як відведуть його до міста, то я до тебе навідаюсь.

Анна з заломаними руками стоїть мовчки коло печі.

ЯВА ШОСТА

Ті самі і Микола скований, війт і селянин.

Жандарм. Ну, що ж, війте, найшли що підозреного?

Війт. Нічогісінько, пане шандаре. Тілько на санях двох лещетів нема, а на третім троха кров'ю замазано.

Жандарм. Ага, се також важне. (Записує в книжці.) Ну, а тепер ведіть його. І отсі річі заберіть. Лещет із саней вийняли?

Присяжний. Я вийняв, ось він.

Жандарм. Добре. Візьміть, пантруйте, аби кров не стерлася. А ви, війте, форшпан для нас вистарайте. По снігу тяжко буде арештанта аж у місто пішки гнати. А може, у нього спільники є, то щоб де в лісі не напали та не відбили.

Микола. Господи! Що се зо мною діється? За що на мене така кара тяженька?

Війт (шкробається в голову). За форшпан, пане шандаре, тяжко буде нині. В кого є тягло, то всі потягли на заробок, то до латрів, то до кльоців. От хіба би його власні, Миколові коні взяти і в його сани запрягти.

Жандарм. А що ж, і се можна.

Війт. То тут може хто-небудь з вами присісти: буде кіньми гнати і потому приїде назад.

Жандарм. Дуже добре. Мені ще й так, мабуть, прийдеться сюди вернути, за спільниками шукати.

Війт. То ще й ліпше. Ану, куме Бабичу, ідіть та запрягайте!

Бабич відходить.

Микола (що досі сидів на ослоні та втирав руками сльози). Анно!

Анна (мое остовпіла). Чого тобі, Миколо?

Микола. У тебе чиста душа, невинна Молись богу, щоб швидко й моя невинність виявилася.

Анна. Чиста душа А хіба ж твоя менше чиста?

Микола. А господарства пильнуй! Небагато у нас тої мізерії є, то щоб і те не пропало. А на адукатів не траться, щоби мене боронили. Маю в бозі надію, що й без них мене отець милосердний із того нещастя вийме.

Анна. Га, коли так кажеш

Микола. Так, так, так, не роби того. Здайся на бога.. А тілько (Тремтить, його лице кривиться до плачу, руки судорожно обіймають її.) Анно! Аннице моя! Тільки ти не забудь мене! (Утирає очі.)

Анна. Ну що ти, Миколо! Чи слід тобі при чужих людях плакати? Вспокійся! Бог нас не лишить.

Микола. Га, божа воля! Най він з усіма нами робить, що задумав. Ходімо, люди добрії (Цілує Анну і виходить, за ним Жандарм, війт і ін. Анна по його відході хоче кинутися до дверей і зупиняється, хапає себе за голову, відтак ламає руки.)

Анна. От тобі й ангели божі понад хатою перелетіли!

Заслона спадає

ДІЯ ТРЕТЯ

Місце перед коршмою. З правого боку сільська дорога, з лівого високий пліт, у глибині сцени коршма з широкою створеною брамою. Під коршмою ослони, коло плота груби дерев'яні колоди, на яких можна сидіти.

ЯВА ПЕРША

Три дівчини виходять із коршми, по-недільному убрані.

Перша дівчина. Живенько, сестриці, живенько біжіть та скликайте парубків!

Настя. Дух святий з нами, кумочко! Кажуть, що його таки вішати будуть.

Обі жінки. Господи! (Хрестяться.)

Перша жінка. І хто би був подумав, що він душогуб! Такий тихий та смирний

Друга жінка. Ой кумонько, чоловік усе чоловіком, а нечистий, бодай моці не мав, усякого підкусить.

Перша жінка. Ба, та чути, що там великі гроші у Абрамка забрали. Не знати, чи віднайдено їх?

Настя. Де там, ані сліду. Микола мовчить, як заклятий, не хоче видати спільників.

Перша жінка. От дурний! Ніби то йому що поможе, як він буде гнити, а ті уживати.

Друга жінка. Га, то у них уже такий злодійський закон, що один другого не сміє видати, аби і сам ось тут погибав.

Перша жінка. То кам'яні душі. Господи! І десь такі люди родяться, і материне молоко ссуть, і по землі ходять, і пісень співають!

Друга жінка. Ні, кумо, пісень вони не співають. Ніколи не співають. Хіба ти чула коли, щоб Микола співав?

Перша жінка. Та й справді! Відколи його знаю, то пісні я від нього ніколи не чула! Ото диво!

Друга жінка. Ну, а що ж його жінка? От іще бідна! Така молода, така красна і з такого роду славного! Адже про її вітця по всіх селах слава йшла. Перший багач був на весь повіт, і ліпотент громадський. А тепер ось на яке зійшла!

Настя. Ой кумонько! Не знаєте ви, що то за жінка.

Перша жінка. Ну, або що?

Настя (понижає голос, з притиском). Остатня!

Обі жінки (б'ють себе об поли руками). Що ви кажете?

Настя. Що чуєте. Адже ми близькі сусіди. То я ніби не вважаю, але все добре бачу, що у неї робиться.

Обі жінки. Ну, та що, що? Розказуй!

Настя. Та що вам розказувати? Гидко розказувати. Знаєте, з ким собі заходить? З шандарем. З тим самим, що її чоловіка до криміналу завдав.

Жінки. Господи!

Настя. Вона здавна з ним любилася, ще дівкою бувши.

Він з того села, що й вона. А її брати силою ви дали за Миколу.

Жінки. Ну, се ми знаємо. Але з шандарем!

Настя. Він у неї два рази щотижня ніч ночує. Смерком приходить, досвіта відходить. Він, бачите, нібито за Миколовими спільниками пошукує. Мойому чоловікові сам так казав, аякже!

Жінки. Господи!

ЯВА ЧЕТВЕРТА

Анна, жінки і Настя.

Під час тої розмови сцена звільна заповняється парубками і дівчатами. Вони стоять нупками, гуторять, сміються. Старші жінки і чоловіки одні проходять улицею, другі заходять у коршму або виходять із неї.

Анна (входить одягнена по-недільному, оглядається боязно і наближується до сидячих жінок). Слава Ісусу; Христу.

Перша жінка (холодно). Слава навіки!

Анна. А не було тут?.. (Уриває і озирається.)

Друга жінка. Ви за своїм чоловіком озираєтеся? Ні, не було його тут.

Анна (обертається до неї залякана). За чоловіком? Ні, я не за чоловіком.

Настя (з ущипливим докором). А ми тут власне про нього згадували, кумо Анно, чуєте? Кажуть, що він дуже слабий.

Анна (мое непритомно). Слабий? Я не чула. А що йому таке?

Настя (так само). Та вішати його мають.

Анна (стрепенулася, а далі, бачачи, що Настя кпить в неї, відповідає також ущипливе). Вішати? Га, се така слабість, що я йому на неї не пораджу. Як завинив, то, вихай покутує.

Настя (відвертається від неї плечима, до першої жінки). А знаєте, там один чоловік із Непитова сидів із ним у одній казні, а тепер вийшов. То розповідав мо тому чоловікові. "Переказував, - каже, - з вашого села Задорожний: "Просіть там мою жінку, аби мене хоч раз відвідала. Нехай мені який крейцар передасть, чисту сорочку принесе. Та й нехай мені адвоката найме".

Анна відходить на вулицю і щезає.

ЯВА П'ЯТА

Ті самі без Анни. Парубків і дівчат сходиться більше. Гомін.

Перша жінка. Огидниця!

Друга жінка. Погане зілля!

Настя. Без серця вона! І відразу се було видно. Адже як його брали, то аби вам слово сказала, аби одну сльозу проронила, як чесній жінці годиться! Де там!

Перша жінка. Цікава я, за ким вона тут шукала?

Настя. Та за ним, за ним! За своїм шандарем.

Перша жінка. Ба, а він хіба тут є?

Настя. Нині я виділа його в церкві. Видно, що є.

Друга жінка. Та й мені здається, що я його бачила, як ішов до війта.

Настя. Вона, певно, ждала на нього в хаті, а не можучи діждатися, пішла за ним по селі шукати.

Друга жінка. Ну, сього би вже було забагато. Хіба би весь стид загубила.

Настя. А ви думаєте, що не загубила? Ану, побачите! Вона тут іще з ним і танцювати буде.

Жінки. Тьфу! Пек, осина!

ЯВА ШОСТА

Ті самі, музики, потім війт.

Гомін серед молодежі. Музики йдуть! Музики! Ладьте місце для музик! (Кілька парубків виносять підвищену лаву з коршомних сіней і ставлять знадвору під стіною.) Ось так! Тут буде добре!

Музики, - три селяни, один зі скрипкою, другий басом, третій з решетом, - входять, кланяються на всі боки, відтак вилазять на лаву, де їм тим часом поставлені стільці. Вони сідають і потягають смиками по стру ментах, трібуючи їх. Гомін довкола, сміхи, жарти. Сцена наповнюється.

Війт (виходить із коршми, грізно). А тут що?(Побачивши музику.) А ви що тут робите? Хто вам позволив?

Музики (встають, знімають шапки, скрипник говорить).

Пане начальнику, нас закликали. Ми люди зарібни. Не наше діло питати дозволу. Нас закликали, казали що можна.

Війт. Хто вас закликав?

Скрипник. Та парубки, а хто ж би. Он Андрух, та Олекса, та Степан.

Товпа втихає. Три парубки виходять наперед і кланяються війтові.

Війт. А вам чого треба?

Перший парубок (кланяється). Та ми би просили, пане начальнику, щоби те позволили троха потанцювати. Нині пущіння, то вже остатній раз.

Війт (строго). А чий ти?

Парубок. Та Василя Півперечного, Олекса.

Війт. А був ти нині в церкві?

Парубок. Та був, пане начальнику.

Війт. А чув ти, що єгомость наказували?

Парубок. Та чув, пане начальнику.

Війт. А наказували вони вам на музику та на танці до коршми ходити?

Парубок. Та не казали.

Війт. Ну, а ви так слухаєте наказу?

Парубок (чухається в потилицю і всміхається). Та хто би

там його слухав, пане начальнику! Наші єгомость старенькі, хіба вони знають, чого молодим потрібно? То вже як ви позволите То від вас залежить, а не від єгомостя.

Інші парубки. Так, такі Ми вже пана начальника просимо дозволити нам.

Війт. Не дозволяю! Не можна.

ЯВА СЬОМА

Ті самі і Шльома.

Шльома (вибігає з коршми з фляшкою і чаркою). Як то не можна? Чому не можна? (До парубків.) Ні, ні, не бійтеся, пан начальник жартують. Чому би не було можна? (Наливає чарку.) Ну, пане начальнику, дай вам боже здоровля!

Війт. Ні, Шльомо, раз тобі сказано, що не можна, то не можна. А випити вип'ю, бо щось мене в трунку млоїть (п'є), і заплачу тобі, але танців ані музики мені не сміє бути.

Шльома. Але ж, пане начальнику, ви не маєте права мені заказувати. Се мій заробок. У мене є патент.

Війт. Патент? Який патент?

Шльома. Як то який? Цісарський патент. з печаткою! Ось дивіть! (Витягає з-за пазухи папір, зложений удесятеро, і подає його війтові.)

Війт (незручно розвиваючи папір, обзирає його на різні боки, очевидно, не вміючи читати, а відтак віддає жидові). Та коли так, коли маєш патент, то інша річ. То вже не моя власть.

Шльома. А видите? Чи я не казав, що музика буде? Ну, хлопці, чого стоїте? Беріться до дівчат! Адіть, як вони ніроку настроїлися танцювати. А ви, музики, вип'єте?

Музики. Ба, та нам так і належиться.

Басист. Сам бог приказав.

Шльома (частує їх). Ну, пийте ж, пийте, а грайте добре!

Музики. То вже наша річ.

Війт. А пам'ятайте мені, аби все порядно, без образи божої.

Шльома. Чуєте, що пан начальник каже? Без образів божих!

Війт. А скоро сонце зайде, зараз мені перестати і додому розходитися. Я тут присяжного пришлю, аби ніхто не смів

Шльома. Пощо, пане начальнику? Пощо присяжного трудити! Хіба я сам не знаю, що належиться? Як прийде той час, то вже я сам їм скажу, що треба перестати. Ну, ну, бавтеся! А ви, пане начальнику, ходіть зо мною, я вам маю щось дуже ладне сказати. (Тягне його до коршми.)

ЯВА ВОСЬМА

Ті самі без війта і Шльоми.

Юрба розступається, прочищуючи місце посередині. Старші чоловіки і жінки засідають то коло музик, то попід стіною на ослонах, то на колодах. Діти вилазять на пліт. Парубки і дівчата у дві лави стоять довкола. Музика зачинає грати.

Один парубок. Гей, погуляймо нині! Нехай лихо сміється! Ану, музики, коломийки! Та такої вріжте дрібної, аби аж жижки трусилися!

Музики грають коломийки, кілька пар танцює. По якімсь часі музики уривають, танцюючі стають.

Парубок. А то що? Чого ви стали? Скрипник показує смиком на вулицю.

Гомін. Шандар! Шандар! Той, що Миколу до криміналу завдав!

Усі стихають, па лицях видко неспокій а навіть острах.

ЯВА ДЕВ'ЯТА

Ті самі, Жандарм і Анна.

Жандарм (тягне Анну за руку). Але ходи ж бо, ходи! Чого тобі ониматися!

Анна. Бійся бога, Михаиле! Пусти мене! Ади, люди ззираються.

Жандарм. Ну, то що, що ззираються? Кому цікаво, нехай дивиться. А мене то що обходить? Я з людського диву не буду ні ситий, ні голоден.

Анна. Але стидно. Лице лупається. Шепчуть, пальцями показують.

Жандарм (грізно дивиться на неї). Анно, я думав, що ти розумна жінка, а ти все ще дурниці плетеш. Після того, що сталося, ти ще можеш уважати на людські позирки і пошепти! Тьфу, чисто бабська натура!

Анна. Михаиле!..

Жандарм. Ні, не кажи мені так! Не хочу тебе знати, ані бачити, коли ти така.

Анна. Михаиле!..

Жандарм. Ну, так ідеш?

Анна. Господи, що ж я маю робити!..

Жандарм. І танцювати будеш зо мною?

Анна (з жахом). Тут? При всіх?

Жандарм. Ти знов своє? Ані слова більше! Будеш чи не будеш?

Анна (шепче). Господи, додай мені сили! (Подає йому руку. Обоє наближаються до юрби перед коршмою.)

Жандарм. Слава Ісусу!

Селяни і селянки (кланяються). Слава навіки!

Жандарм. Я чув тут перед хвилею музику, бачив танець.

Парубок. Ну, а хіба що? Не вільно нам?

Другий парубок. Нині пушіння.

Третій парубок. Нам пан начальник позволив.

Жандарм. Ну, ну, та я нічого не кажу. Потанцюйте собі. Ну, музики, грайте! Най почую, як ви тут у Незваничах умієте. Може, й мене охота візьме з вами покрутитися. Позволите, хлопці?

Парубки. О, просимо, просимо!

Музика грає. Жандарм, послухавши трохи, бере Анну за руку і відходить з нею до коршми.

ЯВА ДЕСЯТА

Ті самі без Жандарма і Анни.

Перша жінка. Та й справді пішла з ним.

Друга жінка. Видно, що їй зразу ніяково було. Троха противилась.

Настя. Ще не привикла, кумо. Але привикне швидко. Він її привчить.

Друга жінка. Та й страшний же! А найстрашніший, як усміхається. Так ті зубищі білі та великі виставить, що, здається чоловікові, ось-ось укусить.

Музика, танці. По хвилі Жандарм і Анна виходять із шинку, беруться за руки і пускаються також у танець.

ЯВА ОДИНАДЦЯТА

Ті самі, Жандарм і Анна танцюють. Помалу танцюючі пари розступаються. На всіх лицях обурення. Жандарм і Анна лишаються самі.

Жандарм (побачивши се, зупиняється, грізно). А се що? (Обертається кругом.) Чому не танцюєте?

Парубки (кланяються, лукаво). Нам досить.

Жандарм. Як то? Не хочете більше?

Один парубок. Ні. Помучились.

Жандарм. Хлопці, се ви задля мене?

Парубок. Може, й так.

Жандарм. Що? Ви смієте мені такий стид робити?

Парубок (сміліше). А пан сміють нам такий стид робити?

Жандарм. Який?

Парубок. Танцювати з такою жінкою. -

Жандарм. З якою?

Парубок. Самі то ліпше знаєте, з якою. Ми з нею не танцюємо.

Жандарм. Але я з нею танцюю. Ви мені не смієте стиду робити. Я цісарський слуга.

Парубок. Ми всі цісарські. А до танцю ви нас не присилуєте.

Жандарм (м'якше). А може, й присилую. (Кричить.) Жиде! Гей, Шльомо!

ЯВА ДВАНАДЦЯТА

Ті самі і Шльома, за ним війт.

Шльома (з ліваром у руці). Чого вам треба, пане постенфірер?

Жандарм. Відро горівки і півбочівки пива для всеї громади, на мій рахунок, розумієш? А зараз!

Парубок. Ви, пане шандаре, дармо не експенсуйтеся! Ми вашої горівки ані вашого пива пити не будемо і в танець з отсею кобітою не підемо. Ми ані вам, ані їй честі не уймаємо. Що собі маєте, то собі майте, але танцювати з вами не можемо. Вільно пану начальникові заборонити нам дальше бавитися, то ми розійдемося. Гей, хлопці, дівчата, ходімо домів!

Війт (стає на середині). Гов, гов! А тут що таке сталося?

Парубок (кланяється). Нічого, пане начальнику. Потанцювали та й додому йдемо.

Війт. Ба, та так живо?

Парубок. Адже єгомость остро заказували.

Війт. Ти, блазню один! Мені тото будеш пригадувати? Кади тому, що носа не має, а не мені. Ти думаєш, що я такий дурень і не бачу, що тут діється?

Парубок. Ну, то чого ж пан начальник питаються?

Війт. Мовчи, дурню! Хлопці, стид вам таке робити! Пан шандар нині ваш гість, самі ви його запросили - не бійтеся, я бачив через вікно! Ну, а тепер такий бешкет йому робите? Фе, так негарно.

Парубок. А нам випадає з такою разом танцювати?

Війт. Анна порядна господиня! Чого ви від неї хочете?

Парубок. Чоловіка вішати мають, а вона тут буде танцювати. То так порядна господиня робить?

Війт. Не слухайте, діти! Се брехня, її чоловіка ще не судили, ще не знати, чи він що винен, а без суду нікого не вішають. А коли пан шандар не цурається вести її в танець, то ви не маєте права нею цуратися. Ну, ну, не фиркайтеся, а будьте раді, що вам дозволено бавитися. А ви, пане шандаре, не противтеся дітвакам. Самі бачите, вони то не з злого серця. Ну, музики, ну, грайте!

Музики грають; звільна, мляво починаються танці. По якімсь часі Жандарм з Анною знов пускаються в танець. Нараз на півтакті музика уриває, пари, крім Жандарма і Анни, стають мов вкопані.

ЯВА ТРИНАДЦЯТА

Ті самі, по хвилі Микола.

Музики і часть танцюючих бачать Миколу, ще заким він появився на сцені. Жандарм і Анна обернені до нього плечима.

Жандарм (тупає ногою). До стосот кадуків! А се що знов? Чого ви урвали? Гей, музики! Ви хочете

Музика мовчки показує смиком.

Жандарм (обертається, побачив Миколу). Га, а се що?

Микола (в кожусі, оброслий бородою, з вузликом на плечах входить і кланяється народові). Слава Ісусу Христу!

Всі. Слава навіки!

Анна (побачивши його, скрикує). Господи! Пропала я! Миколо!

Микола (всміхається сумовито). А що бачу, і моя жінка тут. Ото добре. І ви тут, пане шандаре? Та, бачу, я вам забаву перервав!

Жандарм. Ну, як ся маєш, Миколо? Що з тобою чувати? Пустили тебе?

Микола. Та, богу дякувати, пустили.

Жандарм. Дуже мене то тішить. (Підходить і подає йому руку.) А знаєш, кому за се маєш подякувати?

Микола. Та відки мені знати? Хіба мені там скажуть? Прийшли, створили казню, казали забиратися, та й по всьому.

Жандарм. Мені маєш подякувати.

Микола. Тобі? А то як?

Жандарм. Бо я таки віднайшов правдивого убійцю. Та й то не одного, а цілу кумпанію. Не нині, то завтра їх арештую. Коштувало се мене труду, то певно. Був чоловік і в такім, що мало сам головою не наложив, ну, але, знаєш, як я тебе арештував, то так мене щось коло серця почало нудити. Все мені здавалося, що ти не винен і будеш думати, що я тебе доброхіть у біду ввалив. І я не міг спочити, поки не натрафив на слід убійників.

Микола (кланяється йому). Най тобі бог заплатить за все добре, а за зло (Глядить з докором на Анну.) Злого най вам бог не пам'ятає!

Жандарм (сміється). Ну, злого! Так багато злого я нікому не зробив. Мені, може, дехто більше зробив злого, а я нікому не випоминаю.

Микола (поспішно). Я також ні, також ні! Хорони господи! Що там випоминати!

Жандарм. А я от нині твою господиню ледво витягнув силоміць із дому, аби троха провітрилася та м'їж людей показалася.

Микола. Спасибі, спасибі тобі, що хоч ти за неї дбав. Чув я там, у тім пеклі, чув, як ти її дозирав. Спасибі! (Кланяється.) Ну, Анно, а ти що так стала, мов осуджена? Чому не вітаєшся зі мною?

Анна. Будемо ще мати час вітатися. Що тут, перед усіми людьми?

Микола. Правда, правда. Се домашнє діло, ніщо його перед людьми показувати. Ну, так ходімо додому. В ласці божій оставайтеся, добрі люди! (Кланяється і пускається йти. Анна за ним.)

Жандарм. Миколо, гов! А постій-но!

Микола (озирається). А чого тобі?

Жандарм. Ба, а мене не кличеш до себе? Адже ж нині празничний день, треба його якось обілляти. Го, го, не думай, що се тобі так увійдеться!

Микола (заклопотаний). Що ж, коли твоя ласка А я, правду кажучи, не думав

Жандарм. Де ти в своїм житті коли що думав! Усе другі за тебе думали. Так чекай же, не знаєш ти честі, то я тебе погощу. Гей, жиде!

Шльома (вибігає з порожніми склянками). Чого вам потрібно?

Жандарм. фляшку горівки, вишняку, що там ще маєш доброго, спакуй у кошик, а зараз! Плачу готовими.

Шльома. Ни, ни, чи я від пана постенфірера домагаюся? А куди тото відіслати?

Жандарм. До Миколи. А живо!

Шльома. Добре, добре! (Відходить до коршми.)

Жандарм (махає шапкою). Ну, люди, бувайте здорові! (Відходить.)

Настя (воркоче за ним). На зламану голову!

Музика. Парубки і дівчата знов лагодяться до танцю. Заслона спадає

ДІЯ ЧЕТВЕРТА

Хата Миколи.

ЯВА ПЕРША

Анна сама.

Анна (під вікном мотає пряжу на мотовило і числить нитки). Одинадцять, дванадцять, тринадцять, чотирнадцять, п'ятнадцять. (Зупиняється.) Семий день уже його нема. Чень нині прийде. І боюсь його, і жити без нього не можу. (Мотає далі.) Шістнадцять, сімнадцять, вісімнадцять, дев'ятнадцять, двадцять. (Зупиняється, зажмурює очі і задумується.) Який страшний! Який грізний! А що за сила! Здається, якби хотів, то так би і роздавив мене і того мойого халяпу. Поглядом одним прошиб би. І чим страшніший, чим остріше до мене говорить, тим, здається, я більше люблю його. Вся тремчу, а так і здається, що тону в нім, роблюсь частиною його. І нема у мене тоді своєї волі, ані своєї думки, ані сили, ані застанови, нічого. Все мені тоді байдуже, все готова віддати йому, кинути в болото, коли він того схоче! Ах! (Мотає далі.) Двадцять і одна, і дві, і три, і чотири. (Зав'язує пасмо.) Та й чи ж не віддала я йому все, все, що може віддати жінка любому чоловікові? Навіть душу свою, честь жіночу, свою добру славу. Присягу для нього зламала. Сама себе на людський посміх віддала. Ну, і що жі Мені байдуже! Він для мене все: і світ, і люди, і честь, і присяга. (Мотає.) Одна, дві, три, чотири, п'ять, шість

ЯВА ДРУГА

Жандарм і Анна.

Жандарм (входить). Добрий день, Анно! Ти сама?

Анна (випускає з рук мотовило і веретено). Ах! То ти? Де ж се ти так довго? Чому не приходив тількй час?

Жандарм. Де чоловік?

Анна. Аж у стодолі молотить.

Жандарм. Ну, що ж він?

Анна. Як то що?

Жандарм. Не дорікає тобі, не б'є, не сварить?

Анна. Він? Ані словечка. Навіть не питався, чому я не приходила до нього до арешту. Крутиться по хаті, нишпорить по господарстві по-давньому.

Жандарм. Ну, а ти не почала з ним розмову?

Анна. Про що ж я буду з ним говорити? Обрид він мені. Лучче б був гнив собі в криміналі.

Жандарм. Ну, а як гадаєш, знає він про те, що зайшло між нами?

Анна. А хто його знає? Мені навіть натяком одним не дав сього пізнати.

Жандарм. Ну, але, може, сусіди наговорили йому?

Анна. Може бути. Та що се мене обходить? Я тепер спокійна, нічого не боюся, ні про що не думаю, нічого не знаю, тілько тебе одного. (Приближається до нього, боязно.) Михаиле, можна тебе обняти?

Жандарм обіймає її. Анна. І поцілувати? Цілуються.

Знаєш, давніше я, здається, була б умерла зі стиду, якби була подумала навіть, що яко шлюбна жінка можу так цілувати другого. А тепер! (Цілує його без пам'яті.) Любий мій! Тепер у мене ані крихіточки ніякого неспокою, ніякого сорому нема!

Микола відчиняє двері, але, побачивши, що Михайло з Анною цілуються, цофається назад і запирає злегка двері.

Жандарм (шепотом). Він був.

Анна. Нехай собі! Не боюсь я його.

Жандарм. Ну, я також пс страшків сип. Але тепер я не хочу з ним балакати. Я так тільки на хвильку забіг. Мушу ще піти до війта віддати йому письмо, а відтак прийду до вас на кілька годин. Прощавай! (Забирає карабін і відходить.)

Анна. А приходи! Ждатиму з підвечірком! (Береться знов мотати.) Так, він бачив нас. Ну, і що ж з того? Коли досі очі не повилазили, то мусив бачити. Не тепер, то в четвер був би побачив. Я ховатися від нього не думаю. Нехай робить зі мною, що хоче! (Рахує потиху нитки, зав'язує пасмо.)

ЯВА ТРЕТЯ

Микола і Анна.

Микола (входить з ціпом у руці). Ти сама, Анно?

Анна. Сама.

Микола. А той шандар пішов уже?

Анна. Пішов до війта, але за годинку, казав, що прийде. Або що, ти хотів з ним що побесідувати?

Микола. Я?.. Ну, ні Хіба так пару слів Але ні! Що мені з ним бесідувати?.. От, бачиш, свірка в ціпі урвалася, то я прийшов зв'язати. Не маєш де мотузка?

Анна. Не маю. От на тобі прядива та виплети собі.

Микола. Та хіба вже так зробити. (Бере прядиво, вбиває в стіл шило, робить з прядива космики, наслинює їх і починає плести. Анна мотає далі, шепотом числячи нитки. Микола по хвилі.) Анно!

Анна. Чого тобі?

Микола. Так сей шандар, сей Михайло ГурманАнна. Ну, чого тобі від нього треба?

Микола. Я знаю, ти ще дівкою любила його і тепер любиш.

Анна (перестає мотати і глядить на нього). Ну, і що ж з того?

Микола (понуривши голову). Та нічого. Хіба я тобі що-небудь кажу? (Хвилю мовчить, а відтак починає плакати і клонить голову до стола.)

Анна. Так чого ж плачеш? Чого рвеш моє серце?

Микола. Бо бо моє рветься. (Встає і наближається швидко до неї.) Анно! Невже ж ти мене так так ані крихітки не любиш?

Анна. Ні.

Микола. І ніколи не любила?

Анна. Ні.

Микола. І не можеш присилувати себе, щоб хоч жити зі мною по-давньому?

Анна. Ні. (Звішує голову.) Пропало вже.

Микола (відвертається). Га, видко, божа воля така. Господи, пощо ти вивів мене з криміналу? Чому не дав мені там зігнити? Я думав, що нема гіршої муки над неволю. А як прийшли пани і сказали мені: "Миколо, ти вільний, бачимо твою невинність" - господи, то мені троха серце не трісло з великої утіхи. Я крил у бога просив, щоб додому якнайскорше залетіти, а тут застав таке таке, що й язик не повертається сказати! Таке, що неволя в криміналі против того видається мені раєм! (Ридає.) І за яку се провину мене господь так тяжко карає? Чим я його образив, чим прогнівав?

Анна. Цить, Миколо, не плач! І на мене вини не звертай. Ти ж знаєш добре, що й моєї вини тут мало. Силою віддали мене за тебе. Доки сила моя була, я була тобі вірною, хоч іншого любила. Але тепер не стало моєї сили.

Микола. Так що ж нам робити? Як жити?

Анна. Роби, що знаєш, що тобі сумління каже. Вбий мене, чи прожени мене, чи лиши мене при собі, - мені все одно.

Микола. Слухай, Анно! Я тебе розумію. Я люблю тебе. Мені жаль тебе, як власної душі. Я не хочу бути твоїм катом, бо знаю, що ти й без мене багато витерпіла. Тільки одно тебе прошу: вважай на людей! Не на мене - нехай уже я так і буду нічим для тебе, - але на людей. Щоб люди з нас не сміялися!

Анна. Хіба ж я їм забороню сміятися? Нехай сміються, коли їм смішно.

Микола. А все ж таки Не показуйся прилюдно з ним. Не топчи в болото моєї бідної голови. А ні, то вбий мене, щоб я не дивився на те!

Анна. Се не від мене залежить, Миколо. Я тепер одного пана знаю - його, так, як досі знала тебе. Що він мені скаже, те й зроблю, а більше ні на що не оглядаюся. Ганьба, то ганьба; смерть, то смерть. З ним мені нічого не страшно. А ти роби, що знаєш.

Микола (хапається руками за голову). Господи, господи, вона зовсім одуріла! Говорить, мов у гарячці. Се він, проклятий, дав їй якісь чари, якесь дання, він її з розуму звів, щоб насміятися наді мноюі (Ходить по хаті з виразом важкого болю. Анна мотає далі.)

ЯВА ЧЕТВЕРТА

Ті самі і Жандарм.

Жандарм (входить). Слава богуі Здоров був, Миколо!

Микола (понуро). Здоров був, Михаиле!

Жандарм (сміючись, б'є його долонею по плечі). А прецінь хоч раз ти заговорив до мене, як до старого знайомого.

Микола. Ліпше б нам було не знатися ніколи.

Жандарм. Чому? Тьфу, Миколо, як ти насовився! Немовби я тобі батька зарізав.

Микола. Ти мені ще гірше зробив.

Жандарм. Ет, іди, не плети дурниці! От ліпше сідай тут! (Садить його силоміць кінець столу, кладе карабін і шапку на другім кінці стола, а відтак виймає з торби фляшку горілки.) Ади, з сею ворожкою ми порадимось, як у світі жити. Анно, ану-но найди там який наперсток!

Анна встає і ставить на стіл чарку, хліб і сир. '

Микола. Спасибі тобі, я не п'ю.

Жандарм. Як то не п'єш? Що се ти видумуєш, Миколо? Нині тиждень пив, а тепер не п'єш! Ну, се ти пусте видумав! (Наливає.) На твоє здоровля, Миколо! (П'є.) А!.. Бачиш, я сам п'ю. (Наливає.) На, випий! І не журися! Вдар лихом об землю! Нехай Мошкова кобила журиться, що велику голову має.

Микола (бере чарку). Га, виджу, з тобою нема іншої ради. Здох бись, Михаиле! (П'є.)

Жандарм (сміється). Ха, ха, ха! Здох би-сь! Гарно ти мені здоровля зичиш! Ха, ха, ха! Сміхованець з тебе, Миколо, бігме, сміхованець! (Плеще його по плечах.)

Микола. Що ж, Михаиле, що кому належиться! Жандарм. Так ти думаєш, що мені належалось би здохнути?

Микола. Думаю, що се було б ліпше і для мене, і для тебе, і для отсеї. (Показує на Анну.)

Жандарм. І для отсеї! А, ми й забули про господиню!

(Наливає.) Ну, Анно, випий за здоровля свого чоловіка!

Анна. За твоє здоровля, Михаиле! (П'є.-)

Жандарм. Ха, ха, ха! Бачиш, Миколо, твоя жінка мені троха інакше бажає, ніж ти! Ну, випиймо ж тепер за її здоровля! (П'ють.)

Микола. Та й міцний же твій вишняк, Михаиле. Від двох чарок вже й у голову б'є.

Жандарм. Не слухай того, синку мій! Се тілько твоя голова слаба, ось що! Міцної голови він і по десяти чарках не хапається.

Микола (опирає голову на лікоть). Слаба голова, кажеш. Правду кажеш! І без твого вишняку вона мені ходором ходила, а тепер ще гірше. Знаєш, Михаиле, що я тобі скажу, так, по приязні, по старій знайомості?

Жандарм. Ну, що?

Микола. Може би ти перестав у мене бувати?

Жандарм. А то чому, Миколо? Надоїли тобі мої відвідини?

Микола. Надоїли, не надоїли, а так. Мені здається, що воно б було ліпше, якби ти не показувався.

Жандарм. Не можу, братчику, їй-богу, не можу. Служба моя така, що все попри вашу хату моя дорога йде. А при тім, серденько моє, ще одна річ припутана.

Микола. Яка?

Жандарм. Хоч то ніби урядова тайна, але що вже робити, скажу тобі. Але насамперед випиймо! Най усе зле минає!

(Наливає, п'ють.) Так ось яка річ, небоже. Тебе нібито пустили з криміналу

Микола (сканується). Нібито?.. Як то нібито?

Жандарм. Ну, ну, ти бо зараз усе так береш на правду, мовби ти справді почувався до вини! Е, Миколо! Адже ж ти сам почуваєш себе невинним, правда? (З притиском.) Власне сумління каже тобі, що ти невинний? Правда? (Глядить йому просто в очі.)

Микола (змішаний, крикливо). Богом небесним свідчуся, що правда!

Жандарм (насмішливо). Ну, ну, Миколо! Так не говори! Особливо перед шандарем з такими словами не вихапуйся. Бо між нами, шандарями, брате, така думка, що як на кого підозріння паде, а він починає бога на свідка кликати, то значить, що у нього сумління не зовсім чисте. Щось там у нього негарно.

Микола (переляканий). Так значить ти думаєш, що я?

Жандарм (сміється і клепле його по плечах). Ха, ха, ха! Дитина ти, Миколо, ось що я думаю! Леда чим тебе застрашити можна. Не бійся! Не такий чорт страшний, як його малюють. Те, що тобі тепер видається таким страшним, також не таке. До всього чоловік привикне!

Микола. Ти се про що закидаєш? Якось не зовсім я розумію тебе.

Жандарм. Порозумієш, братчику, порозумієш, як на те час прийде. А тепер знаєш, що я би тобі радив?

Микола. Ну, що?

Жандарм. Будь спокійний. Не роби ніякого галасу. Жий

собі тихо, смирно, як бог приказав, і ні про що не дбай, що довкола тебе твориться.

Микола. Ні про що не дбати? А думаєш, що се можна?

Жандарм. А чому би не можна? Певно, що можна. Повір мені, друже! Я багато світу сходив, багато дечого видів і знаю. Так ось що я тобі скажу: тисячі людей живуть от так, як ти, і не питають навіть, як воно склалося, відки пішло, хто тому винен? Де би чоловікові голови стало, щоби се все розібрати? Сталося, склалося - що порадиш? Треба брати життя, яке є, треба жити, як можна.

Микола. Із розбитим серцем?

Жандарм. Дурниця серце. У кого воно ціле?

Микола. І на людськім посміховищу?

Жандарм. Наплюй ти на людей! Чого тобі від них потрібно? А як ти з них будеш сміятися, то вони з тебе не будуть. Ще самі до тебе прийдуть.

Микола (в задумі). Що ж, мудра рада. Тільки, мабуть, заміцна на мою слабу голову. (Хапає себе руками за голову і починає ридати.) Ой, заміцна, заміцна! Не видержить моя голова!

Жандарм. Не бійся, видержить. Я тобі поможу. Я кождому голову скручу, хто би посмів з тебе сміятися.

Микола. Багато буде скручених голів.

Жандарм. Не бійся, се вже моє діло! А тепер, друже мій, Миколо, знаєш що?

Микола. А що таке?

Жандарм. Я бачу, що ти дуже ослаб. Сон тебе клонить. Піди собі на тік та засни.

Микола. А ти?

Жандарм. Про мене не турбуйся. Я також троха відпочину, а потім піду додому.

Микола. То, може би, Михаиле, ти сам пішов на тік і там заснув?

Жандарм. Ну, ну, не роби комедії! На тобі кожух (бере з жердки кожух і кладе йому на плечі), подушку і верету. (Стягає з постелі подушку і верету і також кладе на його.) Іди! (Випихає його за двері. Мовчанка. За сценою чути важке зітхання і повільні кроки Миколи).

ЯВА П'ЯТА

Жандарм і Анна.

Жандарм (обнімає Анну). Ну, тепер ми самі.

Анна. Цить! Я боюсь, щоб він там собі якого лиха не заподіяв.

Жандарм. Не бійся! Він тепер занадто ослаб, розкис! Зариється в солому і засне.

Анна (припадає до нього). Михаиле, Михаиле! Що буде з нами? До чого воно дійде? Чим воно скінчиться?

Жандарм. Дурна! Ось вона чим турбується! Нібито хтось у світі знає, чим що скінчиться і до чого дійде? Жий та дихай, доки жиєш! Зле тобі? А коли не зле, то дякуй богу. Як буде зле, тоді час буде думати про те зле! Чим скінчиться! Нічим не скінчиться. Будемо жити, доки можна.

Будемо любитися, доки можна. Будемо людям в пику сміятися, доки можна, доки вони нас під ноги не візьмуть. А потому? Потому один кінець: всі помремо і чорту в зуби підемо. Ось чим воно скінчиться, коли хочеш знати. (Обіймає її.)

Заслона спадає

ДІЯ П'ЯТА

Хата Миколи. День. Стіл відсунеііпй, за столом і на ослоні селяни і жінки, між ними Бабич і Настя. Микола, підпитий, з келишком у руці, серед хати. На столі велика пляшка горілки і хліб та сіль.

ЯВА ПЕРША

Микола, Бабич, Настя, селяни, жінки

Селяни (п'яними голосами співають журавля):

Ой там у лісі, ой там у лісі плужочок,

Плужочок-чок-чок-чок (2), плужочок.

Ой виорав він (2) ланочок,

Ланочок-чок-чок-чок (2), ланочок.

Ой насіяв він (2) конопель,

Конопель-пель-пель-пель (2), конопель.

Та впронадився (2) журавель,

Журавель-вель-вель-вель (2), журавель.

Ой я, я тому (2) журавлю,

Журавлю-влю-влю-влю (2), журавлю

Та бучком ноги (2) поломлю,

Поломлю-млю-млю-млю (2), поломлю.

Селяни і селянки при остатніх куплетах похитуються, торкають одні одних плечима та кивають головами, позираючи на Миколу, що стоїть зі звішеною головою і держить чарку в тремтячій руці. Коли спів скінчився:

Микола. Ну, куме, дай боже здоровля! (П'є.)

Бабич. Дай боже всього доброго!

Микола. Ні, сього не кажіть! Чого доброго? Я доброго нічого у бога не прошу. Досить уже того доброго зазнав, буде з менеї (Наливає і передає чарку Бабичеві.) Ну, прошу!

Бабич. Дякуємо красно. Ні, кумцю, не гнівіть бога! Що бог дасть, то не напасть. Не раз чоловік гадає, що не знати яка на нього біда впала, аж за день, за другий озирається, а воно вже йому на добро вийшло. Ваше здоровля, сусідо! (Обертається до іншого селянина і п'є.)

Перший селянин. Дай господи й вам!

Микола. Ну, вже ви мені сього не кажіть. Уже я то на своїй шкірі витрібував, яке воно добро виходить. Ні, кумове чесні, вірте мені чи не вірте, а мені здається, що пан біг часом собі сміх із нас робить!

Селяни. Бійтеся бога, куме, що ви говорите! Таже то образа божа!

Микола (махає рукою). Одне мене ще в світі держить -

отся живиця! (Бере чарку, наливає і п'є.)

Настя (під вікном до другої жінки, киваючи голо вою). Я то знала, що до того воно дійде. Бійтеся бога, тога жінка ані стиду не має, ані серця.

Перша жінка. Ой та певно. Мій старий казав, що буде в раді о тім говорити, аби її при всій громаді різками висічи, най не дає злого прикладу.

Настя. Певно, що варто би. Адже й нині в церкві. -Бійтеся бога! Таж такого ще світ не бачив. З чужим парубком аж до самої церкви прийшла, а потому як сама стала, то щоби вам до образів, до вівтаря святого лицем обернулася! Де там! До нього обернулася, до нього, 'окаянна, молитви шепче. Жінки довкола неї повідступалися, таке вам колесо зробили, мов від зараженої тиснуться, а вона нічого, мов і не бачить. Так усю хвалу божу й вистояла. Та не всю, бо скоро "Достойно" проспівали, мій Віандар із церкви, моргнув на неї, та й вона за ним вийшла.

Перша жінка. Та куди ж вони потяглися?

Настя. Мабуть, до коршми. Там собі обоє в ванькирі запиваються. (Шепче.)

Бабич. Куме Миколо, так ви кажете, що жінка вас голодом морить?

Микола. Хто? Я? Коли я се казав? Де?

Бабич. Ну, я так чув.

Перший селянин. І я чув. Геть по селу чутка ходить.

Микола (в п'янім запалі). Бреше тота чутка! Всі брешуть, хто її далі розносить. Кому яке діло до мене і до моєї жінки?

Настя. Ну, та певно, що нам діла нема. Але є хтось такий, що має до неї діло.

Микола. Кого то обходить, що ми їмо, що варимо, чи ситі, чи голодні?

Бабич. Та ви, куме, не гнівайтеся, що я вас спитав, Я прецінь не зі злої волі. Бо тут, бачите, деякі хотіли на раді громадській

Микола. Що, що, що? Зась раді громадській до моєї жінки. Не має рада права!

Бабич. Ну, як ви собі не кривдуєте - то певно. Тільки що, бачите, люди собі дуже марикують, кажуть, що вона дуже поганий приклад дає, вибачте, на публіку людську з тим Гурманом волочиться.

Микола (хапає себе за голову). Он, ой, ой! Люди! Не ріжте мене без ножа! Не мучте мене! Не бабрайтесь у моїм серці! Най вам моя жінка не стоїть у очах! От пийте, коли-сте чесні та добрі, що-сте до мене прийшли, частуйтеся і говоріть дещо веселішого. А то тьфу! Чоловікові й без вас тяжко, а ви ще додаєте.

Настя. Ой кумочку, та чи то ми не знаємо, що вам тяжко? (П'є.)

Микола. Ой тяжко, кумонько, тяжко! (Наливає і п'є.)

Настя. Та кажуть, що вона до вас по цілих днях не говорить?

Микола. Та що будемо говорити? Вона мовчить, і я мовчу. Отак цілий день мов тумани ходимо. А вона все тільки в вікно зазирає, чи він не йде. А до мене хоч би словечко сказала.

Настя. Ой бідний ти, кумочку, бідний! (Наливає і п'є.)

Микола. Ой бідний, кумочко, бідний, як той мак начетверо! (Наливає і п'є.) Як той горох при дорозі. (Плаче.)

Настя. Та хіба я не знаю, що ти не раз з голоду млієш, а вона що зварить, то тому поганинові держить. Куме, таже я твоя близька сусіда. Все знаю, все бачу, хоч би не раз і не хотіла бачити. Не раз аж серце мені крається! Бігме, кумочку, крається. (Плаче і обіймає його.)

Бабич. Ну, ну, жінко, може, нам пора додому?

Селяни. Та пора би йти.

Микола. Люди добрі, сусіди чесні! Посидьте ще троха! Не кваптеся, не розходіться! Я рад, що людський голос у тих стінах чую. Поговоріть, почастуйтеся. Ну, прошу! Ов, чарка стоїть! Що се такого? Фляшка порожня? Я зараз другу принесу. У мене барилка єсть, схована в половнику. Що має грішний чоловік робити? Коли вже таке на мою голову впало, то що діяти! Не береться мене ніяка робота, відійшла охота до життя, до господарства. Тьфу, нащо воно мені! Взяв я продав конята, гроші сховав та й пропиваю потроха. Най ідуть! Не стане тих, знов щось продам.

Бабич. Ой куме, куме, зле ти робиш! Занадто собі до голови взяв таку дурницю та із-за такої негідниці добро своє кервавe марнуєш!

Микола. А нащо ж воно мені? Хіба мені життя буде? Не буде, куме! Все пропало! Вже мені господарем не бути, так нехай же іде все! І поле продам, і хату продам, нехай іде.

Бабич. Говори, говори. Продам, кажеш. А потому що буде?

Микола. Коли потому? Як потому? У мене, куме, вже

тепер потому. Вже тепер по всьому. Дальше вже нічого не буде. Нічогісінько. Так цур йому всьому! (Виходить а фляшкою.)

Перша жінка. Зовсім знівечили чоловіка! Зовсім з пантелику збили!

Друга жінка. Не много того розуму в бідолахи.було, та й той виплив.

Настя. Я би не знати що дала, що вона його якимось зіллям упоїла.

Бабич. А найгірше шкода господарства. Гарував чоловік, весь вік робив, аж йому очі з голови лізли, мучився, терпів - ой господи, кілько натерпівся! Нарешті дохрапався кусника хліба, жити б, та бога хвалити, та діточок надіятися, а тут на тобі! Мов пожар наскакує, мов грім з ясного неба.

Перша жінка. Говоріть, куме, говоріть! Кажете: Дітей надіятись. Того й уся біда в тім, що в них дітей цема. Якби у неї були діти, то вона б на таке не пустилася. Скажу я слово й за неї.

Перший селяни н. Ая тому не вірю. Вже як котра жінка така вдасться, то ти її й ланцем до дому не прикуєш. І дітей покине.

Перша жінка. Не слухай того, куме, бігме, не слухай! Діти - велика річ. Діти - половина матері. Одна половина може би й рада піти, позволити собі, а друга не пускає, кричить: "А ми, мамо! А що з нас буде?" І не пустять тамтої половини.

Микола (входить з фляшкою і ставить її на столі). Ось вона! Ось наша радість! Ось одинока потіха. (Піднімає фляшку, телепає і знов ставить.) Повна, вистане нам! Ану, кумове чесні, сусіди мої приємні - дай нам боже здоровля!

(Наливає, п'є і пускає чарку кружляти.)

Бабич. Куме Миколо, ген, кумеї

Микола. Га!

Бабич. А я би тобі, куме, щось сказав, та боюся, щоб ти на мене не огнівався.

Микола (сідає коло нього, обнімає його за шию, плачучи). Кажи, кумочку, кажиі Ти в мене найближчий сусіда, ти мій порадник. Говори!

Бабич. Ти, куме, - не в гнів тобі кажучи, - занадто м'який, занадто податливий.

Микола (хитає головою і тяжко зітхає). Ой так, так, занадто м'який, занадто податливий.

Бабич. А вони бачать, що ти такий, та й тобі кілля на голові тешуть.

Микола (хапає себе за голову). Ой тешуть, тешуть! Аж у мізку лупає! (Плаче.)

Бабич. Цить, куме, фе! Не плач! Не будь дитиною!

Микола. Не бути дитиною? А то як?

Бабич. Ти б узявся до своєї жінки троха остріше. Похрупостів би на неї, погрозив би, а то й ударив раз, другий. Знаєш, жінка так, як коняка, любить батіг, а без нього зовсім ледащіє.

Микола. Ой ледащіє, ледащіє.

Бабич. Ну, і до сього Гурмана ти постався. Що то він завоював тебе, чи що? Покажи йому, що ти в хаті господар.

Закажи йому бувати у себе.

Микола. Ой просив я його, та де тобі, ще й сміється.

Бабич. Просив! Бійся бога, куме, хто ж такої річі просить? Та то певно, що він просьби не послухає. А ти остро до нього!

Микола. Ой кумочку, боюсь я його! Страшний він такий, як кат.

Бабич. Фе, куме! Ти ж чень не дитина. Чого тобі боятися? Адже він тобі нічого не може зробити!

Микола (випростовується). Та то правда! Чого мені його боятися?

Бабич. Ти йому погрози, що підеш до суду на скаргу, що він тобі жити з жінкою не дає.

Микола. Та то правда! Адже і над ним є старший! На скаргу!

Бабич. Що в цілім селі соблазнь робить, сором на цілу громаду.

Микола. Га, таже за се тяжка кара!

Бабич. А ти думав як? Зараз його відси перенесуть!

А ти вже собі потому з жінкою даси якось раду. Коби.лиш його відси мара взяла.

Микола. О, певно, що з нею я собі пораджу. Адже ж ви, сус.ідоньки, знаєте, яка вона була добра, щира та вірна, заким його зла доля на мій дім навернула! До рани можна було її прикладати, не то що! (Плаче.)

Настя. Ти, куме, його до хати не пусти, ось що! Двері йому перед носом замкни. Ціпом по голові заїдь. Так би я на твоїм місці зробила!

Микола. Так, так, так! Ціпом по голові! Мундур на камаття! Нехай мене скаржить! Я вже буду знав, як боронитися!

Бабич. Нас, куме, на свідків клич. Ми посвідчимо, ЯК вони з тобою обходилися!

Селяни. Так, так! Усі посвідчимо! Його зовсім зі служби проженуть, а тобі нічого не буде!

Микола (схапується). Добре! Все зроблю, візьму на відвагу. Або що, хіба я не чоловік, не господар? Ану, випиймо, сусіди! Біг заплатить вам за раду. Побачимо, хто тут буде старший. (П'є і частує їх за чергою.)

ЯВА ДРУГА

Ті самі. Входять Жандарм і Анна.

Жандарм (трохи підпитий). Го, го, го! А тут що? Празник якийсь, комашня чи поминки?

Микола. Та поминки, поминки справляю.

Жандарм. А по кім?

Микола. По собі самім. По своїй честі, по своїм супокою, по своїм житті.

Жандарм (Іде до столу - люди розступаються перед ним, він сідає. Анна також сідає на припічку). Ага, ти, бачу, вже троха теє язиком путаєш!

Микола. Як то путаю? Я не путаю, я правду говорю! То ти, Михаиле, моє життя попутав, так що й кінця не найду.

Жандарм. От, Миколо, не молов би-сь дурниць, та й ще при чужих людях, а радше частуй гостя.

Микола. Ой участував ти мене! Не такого ти частунку від мене варт!

Жандарм (схапується і підступає до нього). Що ти говориш, що? Якого частунку?

Микола (плює йому в лице). Ось якого, коли хочеш знати.

Жандарм (б'є його кулаком у голову). Ось тобі за це!

Микола падає на землю. Люди кидаються до Миколи, Анна до Михайла.

Анна. Михаиле, вспокійся, що ти робиш?

Жандарм. Я спокійний і нічого більше не роблю, але плювати на себе не дам! Не бійся, се йому не пошкодить. Троха свічки в очах стали, але се байка. Протверезиться швидко. А я й так хотів із ним розумне слово поговорити.

Микола (з трудом підноситься, його садять на лаві), Так ти ось як мені платиш за мою доброту?

Жандарм. Не за доброту, Миколо! За доброту гілько бог заплатить. А я за дурноту. За те, що ти плюєш на цісарський мундур.

Микола. Я не на цісарський мундур плюю, але на того огидника, що ганьбить образ божий. Ти його знаєш? Михайла Гурмана!

Селяни. Так, так!

Жандарм. (гне в собі злість). Знаєте ви що, панове свідки, я тут хочу з Миколою розумне слово говорити. Вас тут не потрібно. Може б, ви пішли собі до дідька?

Микола. Ні, сусіди! Сидіть, не відходьте! Я вас прошу. Я вас тут запросив, він не має права вас виганяти.

Жандарм. (зіскакує і хапає за карабін). А я вам кажу, п'яниці погані, геть відси! Хто зараз не вступиться, той ось тут кольбою в груди дістане. Марш!

Селяни і селянки сквапно виходять. Декотрі хрестяться і плюють.

ЯВА ТРЕТЯ

Микола, Жандарм і Анна.

Микола (прискакує до нього). Яким ти правом смієш моїх гостей з моєї хати виганяти, га? До тебе прийшли? Твою горівку пили?

Жандарм. (відтручує його набік). Мовчи, дурню! Слухай, що я тобі буду казати. Сідай ось тут!

Микола неохітно сідає.

Слухай, Миколо, що ти собі гадаєш?

Микола. Як то що?

Жандарм. Чого ти сам собі шкоду робиш? Роботу докинув, господарство занедбав, коні продав та все тільки з п'яницями водишся та своє добро розкидаєш? Чи то ладно так, га?

Микола. Ладніше, ніж чужу жінку на гріх наводити.

Жандарм. Миколо, Миколо, не повинен би ти й згадувати про те.

Микола. Он як! Не повинен і згадувати про те, від чого серце рветься і голова тріскає? Спасибі за ласку. А скажи ти мені, Михаиле, про що я маю згадувати? Для кого маю дбати? На кого робити?

Жандарм. Хоч би на себе самого.

Микола. Не бійся, на себе самого я дбаю! Продаю, роздаю, розкидаю, пропиваю те, що мені непотрібне, а беру лиш те, що мені потрібне. А потрібне мені тепер лиш одно - ось що! (Телепає фляшкою.)

Жандарм. Фе, Миколо, стидайся!

Микола. Я маю стидатися! Ха, ха, ха! А ти стидаєшся? А отся негідниця стидається, що по селу раз у раз з тобою волочиться? Ви маєте стид?

Жандарм. Зась тобі до нас.

Микола (зривається). Кому зась? Мені? А ти хто тут? Яке ти право маєш мені заськати?

Жандарм. (силою саджає його назад). Ну, ну, не решетися! Я тобі скажу, яке я маю право. Слухай, Миколо! Ти знаєш, хто я був колись, ще там, у нашім селі?

Микола. А хто? Урвитель, забіяка.

Жандарм. Брешеш, друже мій. Я був чесний парубок, може, троха загарячий, запалкий. Але кривди я не любив, неправди не міг знести - і то було моє нещастя.

Микола. Було дещо й більше.

Жандарм. Правду кажеш. І я тобі зараз скажу, що ще причинилося до мого нещастя. Я полюбив отсю бідолаху, Анну, сироту, поштуркувану та кривджену нелюдами-братами. Ся любов була моїм одиноким, найдорожчим скарбом, вона могла би була з мене зробити доброго, порядного чоловіка. А ти, Миколо, ти до спілки з тими нелюдами вкрав мені те одиноке щастя.

Микола (зривається). Я? Вкрав тобі (Хапає себе за голову.) Господи, що се зо мною? Чи весь світ догори ногами перевертається? Я, втоптаний у болото, обдертий з честі, супокою і поваги, зруйнований, зарізаний без ножа - я, по-твойому, виходжу ще й злодієм?

Жандарм. Не хапайся за голову, Миколо! Адже твоє сумління само тобі каже, що моя правда.

Микола. Ні, брешеш. Я її не силував! Вона ще вдячна мені була

Жандарм. Адже бачиш її вдячність.

Микола. Вороже, се ти її звів, одурив, причарував

Жандарм. Ти мав три роки часу причарувати її до себе. Чому сього не вчинив?

Микола.. Бо я не чарівник - ось чому!

Жандарм. Бо ти віхоть, а не чоловік - ось чому!

Микола. Хто віхоть? Я віхоть?

Жандарм. Авжеж не я.

Микола. Отже я зараз покажу тобі, що я не віхоть. Марш

мені з хати! (Хапає його за плечі.)

Жандарм. (відтручує його). Іди спати, Миколо! Ти троха п'яний.

Микола. П'яний чи не п'яний, не твоя річ. Але ти мені геть із хати забирайся!

Жандарм. От же не вступлюся. Тут і заночую, коли мені схочеться.

Микола (лагідно). Вступися, Михаиле! Не доводи мене до лютості.

Жандарм (лагідно). І не доходи до лютості, небоже, се нездорово. А я справді у тебе заночую. А завтра оба разом поїдемо до міста.

Микола. Оба разом? Пощо?

Жандарм (виймає папір і показує). Ади, знаєш отсей папір?

Микола. Чорти б його знали, а не я!

Жандарм. То зле, Миколо! Не вадило б тобі його знати. Тут і про тебе дещо написано.

Микола.. А що там про мене написано?

Жандарм. Наказ із суду, аби тебе приставити. Я ще нині маю його доручити війтові. Там знов на тебе в суді щось наговорили.

Микола.. Га. Юдо! Так ти знов з того боку підо мною риєш? Зовсім мене доконати хочеш? От же не діждеш! (Вириває йому з рук папір і рве на кусні.) На, маєш, маєш, маєш!

Жандарм. Дурню, і що ти зробив? Чи ти знаєш, що тобі буде за се?

Микола. Не мені, а тобі.

Жандарм. Ні, тобі! На, маєш раз! (Б'є його в лице.) Се на завдаток! На, маєш два! (Замахується.)

Микола (хапає карабін). На тобі також раз! (Кидається на Михайла.)

Анна (кидається між них). Миколо, набік!

Микола (відтручує її). Ти сама набік!

Жандарм. Пусти його, Анно! Я його і так не боюся. (Хапає за карабін, хоче вирвати Миколі.) Пусти, дурню! З тим не жартуй!

Микола. Ось тобі мій жарт! (Пускає карабін, хапає сокиру і втоплює в груди Жандарм ові. Той падає.)

Анна. Господи! Що з тобою, Михаиле? (Кидається до нього.)

Жандарм (вхопився рукою за груди, з котрих бухає кров). А ее так! Нічого! Нічого мені не треба.

Анна. Кров! Кров! Ти ранений, Михаиле, забитий. Голубчику! Де рана?

Жандарм. Нічого, Анно, нічого! Се лиш жарт був. Троха поболить та й перестане. Годі, Миколо! Чого став та й трусишся? Дай руку!

Микола (кидає сокиру). Та та невже воно нічого?

Жандарм. (слабше). Дай руку! (Простягає йому

закровавлену руку. Микола дає свою.) Спасибі тобі! Ти зробив мені прислугу, і я не гніваюсь на тебе! Я хотів і сам собі таке зробити, та якось рука не піднялася.

Анна. Михаиле, серце моє, скажи, що тобі? Де в тебе рана?

Жандарм. Кажу тобі, що мені зовсім добре. Навіть і ліків не треба! А ось і свідки! Ну, слава богу! Слава богу!

ЯВА ЧЕТВЕРТА

Ті самі, війт, Бабич, Настя, селяни.

Війт. Ген! А тут що такого? Хто тут галасує?

Настя. Ой лишенько! Шандар забитий.

Війт. Невже неживий? Миколо, Анпо! Що се таке? Говоріть, чого стоїте як остовпілі?

Жандарм (слабо). Пане війте! Дайте їм спокій! Вони не винні! Я я сам

Війт. А тобі що таке сталося? Пощо на себе руки наложив?

Жандарм. Так було треба. То моя річ Анно! Миколо бувайте здорові і простіть. (Умирає.)

Анна (кидається до трупа). Михаиле, Михайлику! На кого ти мене покидаєш? Що я без тебе на світі зачну?

Микола. Анно, вспокійся, хіба ти не маєш для кого жити?

Also available from JiaHu Books:

Борислав сміється - Іван Франко - 9781784350789

Чорна рада — Пантелеймон Куліш - 9781909669529

Раскіданае гняздо/Тутэйшыя - Янка Купала - 9781909669901

Русланъ и Людмила — А. С. Пушкин - 9781909669000

Евгеній Онѣгинъ — А. С. Пушкин — 9781909669017

Пиковая дама, Медный всадник, Цыганы — А. С. Пушкин — 9781784350116

Капитанская дочка — А. С. Пушкин — 9781784350260

Борис Годунов — А. С. Пушкин — 9781784350291

Стихотворения: 1813-1820 — А. С. Пушкин — 9781784350864

Анна Каренина — Л. Н. Толстой — 9781909669154

Детство — Л. Н. Толстой — 9781784350949

Отрочество — Л. Н. Толстой — 9781784350956

Юность — Л. Н. Толстой — 9781784350963

Смерть Ивана Ильича — Л. Н. Толстой — 9781784350970

Крейцерова соната — Л. Н. Толстой — 9781784350987

Так что же нам делать? — Л. Н. Толстой — 9781784350994

Хаджи-Мурат — Л. Н. Толстой — 9781784351007

Дядя Ваня — А. П. Чехов — 9781784350000

Три сестры — А. П. Чехов — 9781784350017

Вишнёвый сад — А. П. Чехов - 9781909669819

Чайка — А. П. Чехов — 9781909669642

Дуэль — А. П. Чехов — 9781784350024

Иванов — А. П. Чехов — 9781784350093

Шутки - А. П. Чехов — 9781784350109

Записки из подполья — Ф. Достоевский — 9781784350472

Бедные люди — Ф. Достоевский — 9781784350895

Повести и расскази — Ф. Достоевский — 9781784350901

Двойник — Ф. Достоевский — 9781784350932

Рудин — И. С. Тургенев — 9781784350222

Записки охотника - И. С. Тургенев — 9781784350390

Нахлебник - И. С. Тургенев — 9781784350246

Отцы и дети — И. С. Тургенев - 978178435123

Ася — И. С. Тургенев — 9781784350079

Первая любовь — И. С. Тургенев — 9781784350086

Вешние воды — И. С. Тургенев — 9781784350253

Накануне — И. С. Тургенев — 9781784350512

Мать — Максим Горький — 9781909669628

Конармия — Исаак Бабель — 9781784350062

Человек-амфибия — А. Беляев - 9781784350369

Рассказ о семи повешенных и другие повести — Л. Н. Андреев — 9781909669659

Леди Макбет Мценского уезда и Запечатленный ангел - Н. С. Лесков - 9781909669666

Очарованный странник — Н. С. Лесков — 9781909669727

Некуда — Н. С. Лесков -9781909669673

Мы - Евгений Замятин- 9781909669758

Санин — М. П. Арцыбашев — 9781909669949

Двенадцать стульев — Ильф и Петров - 9781784350239

Золотой теленок — Ильф и Петров - 9781784350468

Мастер и Маргарита — М.А. Булгаков - 9781909669895

Собачье сердце — М.А. Булгаков — 9781909669536

Записки юного врача — М.А. Булгаков — 9781909669680

Роковые яйца — М.А. Булгаков — 9781909669840

Горе от ума — А. С. Грибоедов - 9781784350376

Рассказы для детей - Д. Хармс - 9781784350529

Евгений Онегин (Либретто) — 9781909669741

Пиковая Дама (Либретто) — 9781909669918

Борис Годунов (Либретто) — 9781909669376

Руслан и Людмила (Либретто) - 9781784350666

www.ingramcontent.com/pod-product-compliance
Lightning Source LLC
Chambersburg PA
CBHW031413040426
42444CB00005B/552